| 일러두기 |
- 인명과 지명은 국립국어원의 외래어 표기법을 따르되 이미 굳어진 경우 관례에 따라 표기했습니다.
- 역사 용어는 학계의 일반적인 표기를 따랐습니다.
- 이 책에 실린 사진 중 저작권자와 접촉이 되지 않는 등 불가피한 사정으로 사용 허가를 받지 못한 사진에 대해서는 저작권자의 허락을 구하는 대로 승인을 받고 사용료를 지불하겠습니다.
- 이 책에 실려 있는 지도와 그림의 저작권은 별도의 표기가 없는 한 (주)스푼북에 있습니다.

• 차례

1장
이탈리아 르네상스 ⋯ 006

르네상스의 발단 | 이탈리아에서 르네상스가 시작된 원인 | 메디치 가문 | 인문주의와 르네상스 문학 | 르네상스 미술 | 르네상스 시대의 건축

2장
전 유럽으로 퍼진 르네상스 ⋯ 034

알프스 이북으로 퍼진 르네상스 | 사회 개혁적 성격의 르네상스 | 국민 문학의 탄생 | 알프스 이북의 르네상스 미술

3장
유럽을 뒤흔든 종교 개혁 ⋯ 056

면벌부 판매 | 종교 개혁의 물꼬를 튼 루터 | 스위스의 종교 개혁과 칼뱅 | 헨리 8세의 종교 개혁과 영국 국교회의 탄생

4장
로마 가톨릭교회의 개혁과 종교 전쟁 ··· 078

스스로 개혁에 나선 로마 가톨릭교회 | 종교 재판과 마녀사냥 | 신교도들을 학살한 위그노 전쟁 | 국제 전쟁으로 번진 30년 전쟁

5장
유럽의 신항로 개척 ··· 098

신항로 개척의 배경 | 신항로 개척에 앞장선 포르투갈 | 아메리카 대륙에 첫발을 디딘 콜럼버스 | 인도로 가는 바닷길을 찾아낸 바스쿠 다가마

6장
대항해 시대와 달라진 세계 ··· 122

마젤란의 세계 일주 항해 | 대항해 시대와 포르투갈·에스파냐의 번영 | 신항로 개척으로 달라진 세계 | 아메리카와 아프리카 대륙의 비극

1장
이탈리아 르네상스

| 르네상스의 발단
| 이탈리아에서 르네상스가 시작된 원인
| 메디치 가문
| 인문주의와 르네상스 문학
| 르네상스 미술
| 르네상스 시대의 건축

중세 유럽에서는 모든 것을 크리스트교와 신 중심으로 생각했어. 문화 예술과 학문도 크리스트교와 신을 찬양하는 데 몰두했지.

그런데 무슬림에게서 예루살렘을 되찾기 위해 벌인 십자군 전쟁에서 십자군이 패하면서 교회와 교황의 권위가 크게 떨어졌어. 십자군 전쟁을 도왔던 귀족들의 힘도 약해지며 봉건제가 흔들리기 시작했지. 한편 전쟁에 필요한 무기와 물자를 만들어 팔면서 상인들은 부자가 됐어. 봉건제의 장원은 약해지고 도시가 발달했지.

이런 여러 가지 요인 속에서 고대 그리스와 로마 문화를 새롭게 되살리고 인간 중심으로 생각하려는 움직임이 일어났어. 이러한 움직임은 16세기까지 계속되었어. 처음에는 문학, 미술 등 예술 분야에서 시작된 것이 철학, 정치 등으로 퍼져 가면서 유럽 사람들의 생각과 생활에 큰 영향을 끼쳤지. 이것을 '르네상스'라고 해. 자, 이제 14세기에 이탈리아를 중심으로 시작된 르네상스 이야기를 살펴보자꾸나.

▲ 라파엘로의 〈아테네 학당〉이야. 인간의 지적·창조적인 힘을 부흥시키고자 했던 르네상스의 기본 정신을 잘 보여 주는 그림으로 평가받지.

르네상스의 발단

"성서 구절이나 교회의 가르침이 절대적인 진리는 아닌 것 같아요. 세상일을 모조리 신과 교회 중심으로만 생각하려니 답답해요."

"신보다 인간이 먼저이지요. 인간의 개성과 감정을 중시했던 고대 그리스와 로마의 문화가 그립구려."

"그리워만 하지 말고 고대 그리스와 로마의 찬란했던 문화를 우리가 새롭게 되살려 봅시다."

1300년대 후반, 이탈리아 사람들 사이에서는 이런 생각이 빠르게 퍼져 갔어. 시인과 소설가 들은 고대 그리스와 로마의 고전을 부지런히 수집하고 연구해 신의 세계가 아니라 인간 세계를 그린 작품들을 내놓았고, 화가와 조각가 들은 고대 그리스와 로마의 미술품을 빼닮은 예술품들을 만들기 시작했지.

이처럼 신과 종교 중심의 문화에서 벗어나 고대 그리스와 로마의 문화를 새롭게 되살리며 인간의 개성을 재발견하여 새로운 문화를 탄생시키려고 했던 움직임을 '르네상스'라고 불러.

'르네상스'는 프랑스어로 재생, 부활이라는 뜻이야. 쉽게 풀이하면, '이미 사라졌거나 잊힌 것을 새롭게 되살려 낸다.'라는 의미이지.

14세기 이탈리아 미술사를 연구한 지오토가 당시 고전 시대 미술의 부활을 '레나시타(재생)'라고 부른 데서 시작되었어.

르네상스는 14세기에 이탈리아에서 시작됐는데, 이후 알프스산맥 너머의 북유럽 쪽으로 번져 가면서 16세기까지 계속되었어. 그런데 르네상스는 왜 14세기에 시작됐을까? 찬찬히 얘기해 줄 테니까 잘 들어 보렴.

중세 유럽은 크리스트교와 봉건제가 사람들의 모든 생활과 가치관을 지배했어. 성서 교리와 교황의 말이 무엇보다도 가장 중요했고, 모든 것을 신 중심으로 생각했지. 또한 봉건제라는 꽉 막힌 울타리 속에서 소수의 성직자와 귀족, 기사가 대다수 농민들의 삶을 짓눌렀어.

그러다 보니 중세 유럽에서는 문화 예술과 학문도 오직 크리스트교와 신을 찬양하고 숭배하기 위해서 존재했어. 그림이나 조각은 예수와 성모 마리아를 묘사한 작품이 대부분이었고, 이름난 건축물도 대개 교회용으로 지은 것이었지. 학문도 크리스트교를 연구하는 신학이 으뜸으로 꼽혔어.

그런데 교황이 이끄는 십자군이 예루살렘을 이슬람 세력으로부터 되찾기 위해 약 200년 동안 벌인 십자군 전쟁에서 패하면서 문제가 생기기 시작했어. 교회와 교황의 권위가 떨어지고 십자군 전쟁을 도왔던 귀족과 기사들의 힘이 약해지면서 봉건제가 허물어지기 시작한 거야.

대신에 상인들은 전쟁에 필요한 무기나 물자를 만들어 팔면서 큰돈을 벌게 됐고, 봉건제 아래에서 발달했던 장원 대신 도시가 성장하게 됐단다. 농사를 짓던 농민들은 도시로 나와 신분도 자유롭고 돈도 더 많이 벌 수 있는 상인이 되고자 했어.

이런 여러 가지 요인이 맞물려 르네상스가 시작된 거야. 고대 그리스와 로마 문화는 신보다는 인간 중심의 문화였기 때문에 크리스트교의 속박에서 벗어나 좀 더 자유롭게 인간 중심으로 세계를 보고자 했던 이 시기 유럽 사람들의 생각과 맞아떨어졌던 거지.

이탈리아에서 르네상스가 시작된 원인

그런데 유럽의 여러 나라 중에서도 왜 하필 이탈리아에서 르네상스가 시작됐을까? 거기에는 여러 가지 이유가 있어.

첫째, 이탈리아는 고대 로마 제국의 중심지로 고대 그리스·로마 문화의 전통을 유럽의 다른 나라보다 많이 간직하고 있었기 때문이야. 약 1,000년 전쯤 서로마 제국이 무너지면서 많이 파괴되긴 했지만 말이지. 이탈리아 사람들은 고대 그리스·로마의 건축물과 조각품을 가까이에서 접하였기 때문에 이탈리아에서 르네상스가 시작되기에 적합했어.

둘째, 이탈리아는 지중해 무역의 중심지로 도시와 상공업이 발달했기 때문이야. 당시 이탈리아는 로마 제국 시절처럼 하나의 나라로 통일돼 있지 않고, 고대 그리스의 폴리스처럼 도시별로 나뉘어 번영을 누리고 있었어. 그리고 그 도시들에는 십자군 전쟁에서 쓰일 무기나 물자를 만들어 팔거나 동양과 서양의 무역을 중개해서 큰돈을 버는 상인들이 많이 있었어. 특히 무역의 중심지였던 밀라노, 피렌체, 베네치아, 제노바, 나폴리 같은 도시가 크게 번영했단다.

셋째, 도시가 발달하고 돈 많은 상인이 많다 보니 유럽의 다른 나

> 중개는 제3자로서 두 명의 당사자 사이에서 일을 주선한다는 뜻이야.

▲ 14세기 이탈리아 도시 국가

라에 비해 크리스트교와 봉건제의 영향을 덜 받았어.

넷째, 돈 많은 상인들이 자신의 힘을 세상에 과시하고 명예를 얻기 위한 방법으로 예술가와 학자 들을 힘껏 후원했기 때문이야. 마침 이탈리아의 예술가와 학자들이 고대 그리스와 로마 문화에 관심이 있었기 때문에 상인과 서로 손을 잡을 수 있었지.

이 밖에도 지중해 무역을 하고 십자군 전쟁을 치르는 동안 이슬람 세계의 문화가 이탈리아에 많이 전해진 것도 르네상스를 꽃피우는 하나의 요인이 됐어. 또한 비잔티움 제국(동로마 제국)이 이슬람에 의해 멸망하면서 많은 학자들이 이탈리아로 넘어온 것도 큰 역할을 했지. 비잔티움 제국은 고대 그리스 문화의 전통 위에 크리스트교적 요소를 합한 독특한 비잔티움 문화를 발전시킨 나라였거든.

메디치 가문

이탈리아 도시의 상인들이 예술가와 학자 들을 후원함으로써 르네상스가 발전하는 데 큰 영향을 끼쳤다고 했지? 그중에서도 가장 손꼽히는 가문이 바로 메디치 가문이란다.

원래 메디치 가문은 평민이었는데 모직물 공업으로 큰돈을 벌었어. 그러다 은행업까지 성공해 교황청 재산을 관리하면서 피렌체에서 정치적 힘까지 갖는 최고의 가문이 되었고, 교황 두 명과 프랑스 왕비를 배출하기도 했단다.

특히 메디치 가문은 로렌초 데 메디치 시절에 전성기를 맞았어. 로렌초는 '위대한 로렌초'라고 불릴 정도로 피렌체 사람들의 사랑을

▼ 방대한 르네상스 걸작들이 전시된 것으로 유명한 피렌체의 우피치 미술관

듬뿍 받았어. 그뿐 아니라 고대 그리스와 로마 예술을 좋아했고, 예술가와 학자들이 돈에 대해 걱정하지 않고 마음껏 예술 활동을 할 수 있도록 후원을 아끼지 않았단다. 그래서 로렌초 시절의 메디치 가문은 이탈리아에서 르네상스가 꽃피는 데 커다란 역할을 했어. 르네상스 예술의 3대 거장으로 꼽히는 레오나르도 다빈치, 미켈란젤로, 라파엘로는 물론이고, 단테와 보티첼리 등 수많은 예술가와 학자들이 로렌초의 후원을 받으려고 피렌체로 몰려들었거든. 로렌초는 또 피렌체에 고전 문헌들을 수집하고 연구하는 플라톤 아카데미를 설립하기도 했단다.

▲ 베노초 고촐리가 그린 〈동방 박사의 행렬〉이야. 말 위에 탄 소년이 로렌초 데 메디치란다.

메디치 가문이 이처럼 예술가들을 후원하자, 다른 부자들의 후원도 줄을 이었어. 덕분에 이탈리아의 르네상스는 더욱 활짝 꽃을 피웠지.

인문주의와 르네상스 문학

르네상스는 모든 일을 신이 아닌 인간 중심으로 생각한다고 했지? 르네상스의 바탕이 되는 정신은 바로 여기에서 출발해. 이것을 인문주의라고 한단다.

인문주의는 '인본주의', '인간주의'라고도 하는데, 영어로는 '휴머니즘'이라고 해. 모두 인간의 존엄성, 현세의 중요성을 강조한다는 의미이지.

이탈리아 르네상스에서 인문주의가 가장 먼저 나타난 분야는 문학이야. 특히 이탈리아 시인인 단테가 서사시 《신곡(神曲)》을 발표해 르네상스 문학을 이끌었어.

《신곡》은 단테가 고향 피렌체에서 추방당한 뒤 세상을 떠나기 전까지 쓴 대서사시야. 단테 자신이 주인공으

단테 ▶

> 연옥은 크리스트교 교리에서 죽은 사람의 영혼이 살아 있는 동안 지은 죄를 씻고 천국으로 가기 위해 일시적으로 머무른다고 말하는 장소야.

로 등장해 로마의 시인 베르길리우스와 사랑했던 여인 베아트리체의 안내를 받아 지옥, 연옥, 천국을 여행하면서 구원, 죄, 벌 등에 대해 이야기하는 내용을 담았지.

물론 《신곡》은 여전히 크리스트교의 세계관을 그렸다는 한계가 있어. 하지만 행복과 구원을 찾아 나선 인류의 여행을 그린 데다, 작품 곳곳에 교황 등 성직자를 비판했다는 점에서 르네상스 인문주의를 이끌었다고 평가받는단다.

▼ 도메니코 디 미켈리노의 〈단테의 신곡〉

▲ 베르길리우스(좌)와 베아트리체(우)

라틴어는 고대 로마 제국에서 쓰던 언어로 중세 유럽의 공용어였어. 현대의 프랑스어, 이탈리아어, 에스파냐어, 포르투갈어, 루마니아어 등의 바탕이 된 언어이기도 해.

특히 단테는 성서와 교회에서 쓰는 라틴어가 아니라 이탈리아 방언인 토스카나어로 《신곡》을 썼어. 그래서 이탈리아어가 발전하는 데 큰 역할을 했지.

단테에 이어 등장한 이탈리아 시인 페트라르카는 《칸초니에레》라는 서정 시집으로 이탈리아 르네상스에 이름을 남겼어. '라우라'라는 여인에 대한 사랑을 이탈리아어로 노래한 이 시집으로 페트라르카는 '근대 서정시의 아버지'로 불리게 됐고, 훗날 유럽

페트라르카 ▶

의 시인들에게도 큰 영향을 주었단다.

인문주의 문학을 말할 때 이탈리아 소설가 보카치오도 빼놓을 수 없어. 보카치오는 1351년에 《데카메론》이라는 소설을 발표해 단테와 함께 초기 르네상스 문학을 이끌었단다.

▲ 보카치오의 《데카메론》에 수록된 삽화

《데카메론》은 '열흘 동안의 이야기'라는 뜻인데, 흑사병을 피해 피렌체에서 시골로 피난 온 여자 일곱 명과 남자 세 명이 하루 한 가지씩 열흘 동안 들려준 100가지 이야기를 모은 소설이야. 다양한 사회 계층이 등장하는 데다 당시 이탈리아의 사회 문제를 드러내면서 전통적인 도덕을 비판하고 인간의 욕망을 표현했지. 이 점에서 당시 이탈리아 사회를 비추는 거울이라는 평가를 받고 있어. 단테의 《신곡》이 크리스트교를 중심으로 한 신의 세계를 그렸다고 한다면 《데카메론》은 인간의 세계를 그렸다고 해서 '인곡(人曲)'이라 불리기도 한단다.

역사 속 상식 쏙

메디치 가문이 후원한 미술가들

지오토 디 본도네
중세 미술에서 벗어나 본격적인 르네상스의 문을 연 작가가 바로 지오토야. 그는 처음으로 사실적인 묘사를 화면에 도입한 화가이기도 해. 지오토는 이미 1400년대 이전에 거리감과 공간감, 입체감 등을 표현해 냈거든. 중세 시대의 납작하고 평면적인 처리에서 벗어나 마치 살아 있는 것처럼 인물과 자연을 묘사하기 시작한 거지.

〈최후의 심판〉
이탈리아의 북쪽 파도바에 살았던 엔리오 스크로베니는 고리대금업자인 아버지가 구원받기를 바라는 마음에서 예배당을 지었어. 그리고 지오토에게 예배당 내벽 벽화를 맡겼어.

〈예수의 죽음을 애도〉
스크로베니 예배당에 그려진 지오토의 작품 중 하나야. 예수가 십자가에 매달려 죽은 뒤 사람들과 아기 천사들이 슬퍼하는 모습을 그렸어. 인물의 눈빛, 표정, 자세를 통해 인간의 감정을 세밀하게 표현했지.

산드로 보티첼리

피에로 메디치는 1464년 메디치 가문의 수장이 된 뒤 산드로 보티첼리의 큰 재능을 발견하고서 그를 고용했어. 피에로가 이른 죽음을 맞고 로렌초가 수장이 된 뒤에도 메디치 가문은 계속해서 보티첼리를 후원했지. 보티첼리는 르네상스 미술에서 처음으로 신화를 끌어들이고 감상적이고 섬세한 기법으로 이를 표현했어.

〈비너스의 탄생〉
고대 그리스 신화 속 '아름다움의 여신'인 비너스가 푸른 바다의 물거품에서 태어나 조개껍데기를 탄 모습을 고대 그리스 조각상을 흉내 내어 그렸어. 왼쪽의 남녀는 비너스를 데려온 바람의 신과 님프이고, 오른쪽에서 옷을 건네주는 이는 계절의 여신이야.

〈봄〉

이탈리아어로 '프리마베라'라고도 알려진 작품인 〈봄〉은 피렌체의 어두운 시대가 가고 새로운 시대(봄)가 다가오고 있다는 상징적인 표현이 담겨 있어. 그림 중앙에 비너스가 서 있고 그 뒤로 화살을 쏘고 있는 큐피드가 있어. 왼쪽에는 세 명의 여신과 헤르메스, 오른쪽에는 바람의 신 제피로스와 꽃의 여신 플로라가 자리하고 있지.

레오나르도 다빈치

레오나르도 다빈치는 엷고 부드러운 윤곽과 희미한 그늘을 보여 준 화가야. 신비하고 무한한 변화를 참다운 자연미라고 하면서 미의 다양성을 주장했어. 레오나르도 다빈치 역시 메디치 가문의 후원과 지지를 받았지.

〈최후의 만찬〉
예수가 십자가에 못 박히기 전날, 열두 제자와 저녁을 먹는 모습을 그린 그림이야. 한가운데 있는 예수를 기준으로 원근법과 명암이 잘 드러나고 있지. 성서 속 이야기를 담고 있지만 열두 제자들의 얼굴을 섬세하게 표현했다는 점에서 르네상스의 특징을 찾을 수 있어.

라파엘로 산치오
궁정 화가의 아들로 태어난 라파엘로는 시인이며 화가였던 아버지에게서 그림을 배우다가 아버지가 세상을 떠난 뒤에는 피에트로 페루지노의 그림 공방에서 도제 수업을 받았어. 후일에는 피렌체파의 화풍으로 발전하였고 레오나르도 다빈치의 영향도 많이 받았지. 그러면서 호소력 짙은 고요하고 평온한 작품을 창안해 낼 수 있었어.

〈교황 레오 10세와 두 명의 추기경〉
메디치 가문 출신인 교황 레오 10세와 그의 조카, 그리고 추기경을 그린 그림으로 탁월한 표면 묘사, 다양한 붉은색의 구사 등이 어우러져 있어. 특히 커다란 책 위에 돋보기를 손에 든 채로 생각에 빠진 교황의 모습은 그가 학문의 후원자임을 보여 주고 있지.

〈시스티나 성모〉
중앙에 성모 마리아가 아기 예수를 안고 있고 왼쪽에는 교황 식스토 1세, 오른쪽에는 성녀 바르바라가 자리하고 있어. 화면 아래쪽에는 귀엽고 사랑스러운 아기 천사들이 그려져 있어.

미켈란젤로 부오나로티
당대 예술가들에게는 고전을 공부할 수 있는 학교이자 엄청난 예술적 자극을 받는 장소가 있었는데 그곳이 바로 메디치 가문의 저택에 있는 정원이었어. 그곳에서 조각가로서 꿈을 꾸고 이룬 이가 바로 미켈란젤로이지.

〈다비드〉
성서에 나오는 이스라엘의 영웅인 다비드(다윗)가 골리앗을 노려보는 모습을 표현한 작품이야. 대리석을 쪼아 만들었고, 균형 잡힌 인체의 건강함과 아름다움을 묘사했어.

〈천지 창조〉 중 '아담의 창조'
화가이자 조각가였던 미켈란젤로가 교황 율리우스 2세의 부탁을 받고 시스티나 대성당의 천장에 그린 그림이야. 미켈란젤로는 사다리를 타고 올라가 4년 동안 작업한 끝에 33면으로 이루어진 〈천지 창조〉를 완성했는데, 그중 이 그림은 하느님이 손가락으로 아담에게 생명을 불어넣는 장면을 표현했어.

르네상스 미술

르네상스는 각 분야에 걸쳐 폭넓게 일어났지만 그중에서도 그림, 즉 회화 분야에서 훌륭한 작품이 많이 탄생했지.

이탈리아의 르네상스 미술은 크리스트교와 관련된 주제를 완전히 벗어나지는 못했어. 왜냐하면 크리스트교의 중심인 교황청이 로마에 있었고, 교황청과 교황도 예술가들에게 작품을 주문하고 후원했기 때문이야.

그렇지만 똑같이 크리스트교를 주제로 한 그림이라도 르네상스 작품들은 엄숙하고 딱딱하고 단조로웠던 중세 작품과는 아주 달랐어. 훨씬 더 인간적이고 자연스러우며 개성 있게 표현됐거든. 르네상스 미술은 인간 자체가 가진 아름다움과 육체의 건강함을 보이는 그대로 표현하려 했고, 인간의 여러 가지 감정과 표정을 드러내려고 했어.

특히 이 시기 미술 작품에서는 대칭과 균형을 중요하게 여기고 원근법과 명암법을 사용한 것이 특징이야. 아울러 인체 해부학을 활용해 인체를 좀 더 정확하고 사실적으로 묘사하고자 했어.

> 원근법은 우리가 눈으로 실제로 보는 것처럼 멀리 있는 것은 작게, 가까이 있는 것은 크게 그리는 기법이야.
>
> 명암법은 빛과 그림자, 즉 사물의 밝은 면과 어두운 면을 확실히 구분해 입체적으로 보이게끔 그리는 것이지.

◀ 원근법을 알 수 있는 마사초의 〈성 삼위일체〉

원근법은 브루넬레스키가 창안하고, 알베르티가 이론화 작업을 했어. 그리고 마사초의 구체적인 그림 작업이 있었지. 명암법을 잘 표현해 낸 화가는 레오나르도 다빈치를 꼽을 수 있어. 그는 명암법을 통해 그림을 더욱 실감 나게 표현했지.

▶ 명암법을 알 수 있는 레오나르도 다빈치의 〈성 안나와 성 모자〉

르네상스 시대의 건축

르네상스 시대에는 미술과 더불어 건축도 무척 발달했어. 교황은 물론이고 도시의 부유한 상인들이 자신들의 지위와 명성, 부를 과시하기 위해 유명한 건축가와 손잡고 공공건물, 교회, 종탑, 기념물 같은 것을 많이 지었기 때문이야.

그중에서도 대표적인 것은 피렌체에 있는 산타 마리아 델 피오레 대성당과 바티칸 시국에 있는 성 베드로 대성당이야.

산타 마리아 델 피오레 대성당은 1296년 아르놀포 디 캄비오의 설계로 공사가 시작되었어. 이후 지오토, 피사노, 프란체스코 탈렌티, 브루넬레스키 등이 이어서 공사를 담당했지. 성당의 둥근 지붕(돔)은 브루넬레스키가 1420~1434년에 걸쳐 올렸어. '두오모 대성

▼ 로마 시대 건축물인 '판테온'을 모방해 지은 산타 마리아 델 피오레 대성당

당' 또는 '피렌체 대성당'이라고도 부르는 이 성당은 중세 유럽의 고딕 양식과 르네상스 양식이 어우러져 있어.

성 베드로 대성당은 '산 피에트로 대성당'이라고도 하는데, 크리스트교의 성인인 성 베드로의 무덤 위에 세운 성당이야. 로마 가톨릭교회의 중심을 이루는 교황 직속의 대성당인 이곳은 4세기 로마 제국의 콘스탄티누스 대제 시절에 처음으로 지어졌고, 현재 건물은 1506~1626년에 새로 지어진 거야. 건축가인 브라만테를 비롯해 미켈란젤로, 라파엘로 등 르네상스 시대의 뛰어난 예술가들이 설계와 공사에 참여했는데, 거대한 돔을 얹은 것이 특징이란다.

▼ 성 베드로 대성당

역사 속 재미 쏙

르네상스가 낳은 천재, 레오나르도 다빈치

레오나르도 다빈치가 열다섯 살 때의 일이야. 그때 다빈치는 당시 유명한 화가이자 조각가였던 안드레아 델 베로키오의 공방에서 그림 공부를 하고 있었지.

하루는 베로키오가 캔버스에 그림을 그리다 말고 자리를 비우며 말했어.

"잠깐 어디 좀 다녀올 테니 그동안 여기에 천사를 그려 넣어 보렴."

스승이 없는 사이 다빈치는 열심히 그림을 그렸지.

그런데 나중에 공방으로 돌아온 베로키오는 깜짝 놀랐어. 다빈치의 그림 실력이 자기보다 훨씬 뛰어났기 때문이야.

그 뒤 베로키오는 더는 그림을 그리지 않고 조각에만 전념했다고 해. 나이 어린 제자가 자신보다 그림을 더 잘 그린다는 사실에 충격을 받았기 때문이야.

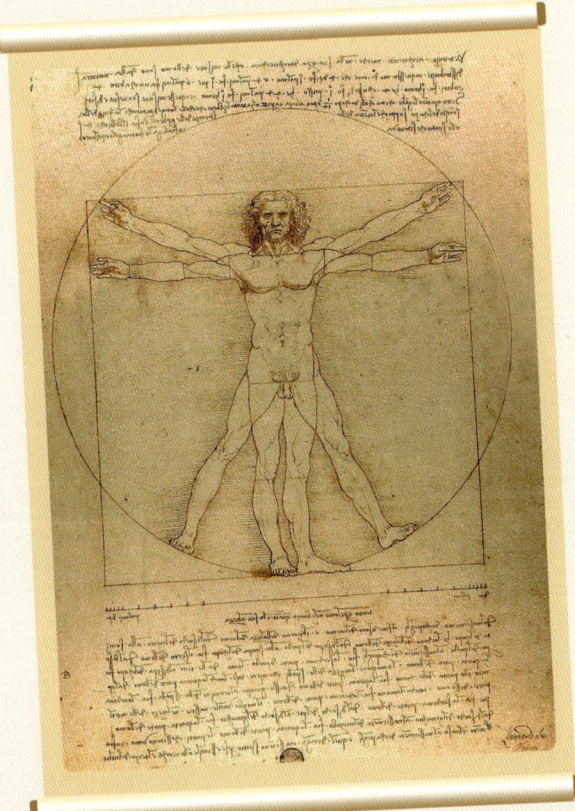

▲ 레오나르도 다빈치가 그린 〈비트루비우스의 인체 비례도〉

〈비트루비우스의 인체 비례도〉는 다빈치가 고대 로마의 비트루비우스가 쓴 책을 읽고 수학 규칙에 따라 인체의 비례를 묘사한 그림이야.

▼ 레오나르도 다빈치의 헬리콥터 스케치

스승으로 하여금 붓을 놓게 할 만큼 어릴 때부터 재능이 뛰어났던 레오나르도 다빈치는 '르네상스가 낳은 천재', '르네상스형 인간'으로 일컬어지지. 그건 다빈치가 많은 명작을 남긴 화가였을 뿐 아니라 수학, 물리, 건축, 공학, 지리, 인체 해부, 음악 등 여러 분야에서 천재적인 모습을 보였고 여러 가지를 두루 잘하는 '만능형 인간'이었기 때문이야.

그러나 다빈치는 타고난 천재가 아니라 노력하는 천재였어. 투철한 탐구 정신으로 무장한 채 늘 무언가를 상상하고 연구하며 기록했거든.

그가 평생 동안 기록한 '다빈치 노트'는 약 1만 3,000쪽이나 되는데, 이 중 남아 있는 것은 7,200쪽 정도야. 이 노트에는 그림에 대한 것뿐 아니라 비행 장치, 잠수함, 자동차, 탱크, 헬리콥터 등 기계 장치에 대한 수많은 스케치와 설계도가 담겨 있단다. 다빈치가 남긴 스케치와 설계도는 당시 실제 발명품으로 이어지지는 못했어. 하지만 훗날 과학 기술자들이 발명하고 실물로 구현하는 데 커다란 도움을 주었지.

특히 다빈치는 인간의 모습을 그림으로 좀 더 정확하게 표현하고 싶어 했어. 그래서 시신을 30여 차례나 해부했고, 그 결과 비트루비우스의 〈인체 비례도〉를 비롯해 인체 해부학에 관련된 많은 스케치를 남겼단다. 다빈치가 남긴 인체 관련 스케치는 의학의 발달에도 크게 이바지했지.

다빈치는 하늘을 나는 비행 기구와 관련된 많은 설계도를 남겼어. 그중 하나는 헬리콥터를 발명하는 데 직접적인 영향을 주었단다.

<모나리자>의 미소

레오나르도 다빈치가 그린 <모나리자>를 모르는 사람은 없겠지? '모나리자'는 이탈리아어로 '리자 부인'이라는 뜻이야. 다빈치가 피렌체의 돈 많은 비단 장수였던 프란체스코 조콘도에게서 아내의 초상화를 그려 달라는 주문을 받아 그린 작품이라고 해.

특히 <모나리자>는 그림 속 여인이 살며시 머금은 신비롭고 아름다운 미소로 유명해. 이 미소에 대해서는 여러 가지 이야기가 전해지고 있어. 그중 하나는 모나리자가 음악을 좋아해 다빈치가 초상화를 그리는 동안 음악을 들려주었고, 모나리자가 음악을 들으며 신비로운 미소를 지어 이런 그림이 나올 수 있었다는 거야.

이 밖에도 남편 조콘도가 많은 유산을 물려주겠다고 약속해 미소를 지었다는 이야기, 다빈치가 입술 부분을 애매하게 표현하는 바람에 도리어 신비롭게 미소 지은 것처럼 되었다는 이야기도 있어.

▲ 레오나르도 다빈치의 <모나리자>

그럼 <모나리자>에 왜 눈썹이 없는 걸까? 확실하지는 않지만 당시 이탈리아에서는 넓은 이마를 가져야 미인으로 여겼기 때문에 여성들 사이에 눈썹을 뽑는 것이 유행이어서 그렇다고 해.

 세계사가 한눈에 쏙!

01 '르네상스'는 프랑스어로 '재생', '부활'이라는 뜻이다. 쉽게 풀이하면, 이미 사라졌거나 잊힌 것을 새롭게 되살려 낸다는 의미이다.

02 14~16세기에 유럽에서 전개됐던 르네상스는 이미 사라졌거나 잊힌 고대 그리스·로마 문화를 되살리고자 하는 마음에서 시작됐는데, 결과적으로는 신이 아닌 인간을 중심으로 하는 새로운 문화를 탄생시켰다.

03 르네상스는 지중해 무역의 중심지로 도시와 상공업이 발달했고, 고대 로마 제국의 유산이 많이 남아 있었던 이탈리아에서 시작되었다.

04 모직물 공업과 은행업으로 돈을 번 메디치 가문은 예술가들을 후원해서 르네상스를 꽃피우는 데 큰 역할을 했다.

05 메디치 가문이 후원했던 예술가로는 레오나르도 다빈치, 미켈란젤로, 라파엘로 등이 있다.

06 르네상스 시대에는 문학뿐만 아니라 미술, 건축 분야에서도 많은 발전이 이루어졌다. 피렌체에 있는 산타 마리아 델 피오레 대성당은 판테온을 비롯한 로마 시대의 건축물을 참고해 지은 것이다. 이 외에도 시청이나 의회 등의 건물과 온갖 조각들이 도시 광장에 진열되었다.

2장
전 유럽으로 퍼진 르네상스

| 알프스 이북으로 퍼진 르네상스
| 사회 개혁적 성격의 르네상스
| 국민 문학의 탄생
| 알프스 이북의 르네상스 미술

16세기가 되면서 이탈리아의 르네상스는 빛을 잃기 시작했어. 프랑스와 에스파냐 등 강대국의 침입을 잇달아 받았던 데다, 포르투갈과 에스파냐 등이 신항로를 개척해 무역 중심지가 지중해에서 대서양으로 옮겨 가면서 교역의 중심지로서 번영했던 이탈리아의 도시들이 쇠퇴했기 때문이야. 또한 부유한 상인들의 후원으로 르네상스가 발달한 까닭에 갈수록 귀족적인 성격이 짙어졌던 데다, 교황과 크리스트교를 완전히 부정하지 못한 한계가 있기 때문이기도 했어.

이런 배경에서 르네상스는 알프스산맥을 넘어 유럽 곳곳으로 퍼져 갔어. 알프스 이북으로 퍼져 간 르네상스는 고대 그리스와 로마 문화를 새롭게 되살리고자 했던 이탈리아 르네상스와는 그 성격이 조금 달랐어. 사회의 문제점과 크리스트교의 권위를 비판하는 사회 개혁적 성격을 띠었거든. 또한 각 나라의 국민성과 풍속을 드러내는 국민 문학이 발달했고, 일반 시민과 농민들의 생활을 담은 풍속화가 탄생했어. 르네상스가 유럽 전체에 어떻게 퍼져 나갔는지 자세히 살펴보자.

◀ 16세기 유럽의 중심지였던 플랑드르의 대표적인 도시, 벨기에의 안트베르펜

알프스 이북으로 퍼진 르네상스

"이탈리아 도시들이 지중해 무역으로 떵떵거리며 사는 걸 언제까지 보고만 있어야 하나? 우리가 그 도시들을 차지해서 나라를 더욱 부강하게 해야겠어."

1494년 유럽에서 가장 힘센 나라로 떠오르고 있던 프랑스는 이런 생각을 하고 이탈리아를 침략했어. 다른 나라들이라고 가만히 있지는 않았지. 에스파냐, 신성 로마 제국 등 당시 다른 유럽 강대국들도 이탈리아를 공격했어.

이렇게 1559년까지 60여 년 동안 이탈리아 도시들은 무려 여덟 차례나 전쟁에 시달리며 큰 피해를 입었지. 특히 1527년에는 신성 로마 제국의 군대가 교황청이 있던 곳이자 크리스트교의 심장이나 다름없던 로마로 쳐들어와 무자비하게 도시를 약탈했어. 성당과 수도원은 물론 성직자들의 저택이 파괴되고 이탈리아 사람들은 큰 고통을 받았지.

▲ 신성 로마 제국의 카를 5세

▲ 15~16세기 이탈리아에서 벌어진 전쟁
→ 프랑스군의 진격로

▲ 미켈란젤로의 〈최후의 심판〉이야. 1527년 신성 로마 제국의 군대가 로마로 쳐들어와서 약탈을 하고 간 이후, 분노한 교황 클레멘스 7세의 요청에 따라 미켈란젤로가 1534~1541년 동안 바티칸 궁전 시스티나 대성당 제단 벽에 그린 그림이야. 세상의 마지막 날에 예수가 내려와 인류의 죄를 심판한다는 내용을 담았어.

엎친 데 덮친 격으로 지중해 무역으로 부강해졌던 이탈리아 도시들은 더 이상 무역의 중심지가 될 수 없는 상황에 처했어. 포르투갈과 에스파냐가 대서양을 통해 동방으로 향하는 신항로를 개척하면서 대서양 무역이 떠오르기 시작했거든.

더구나 이탈리아 르네상스는 부유한 상인들의 후원으로 발달했기 때문에 귀족적인 성격이 짙어졌던 데다, 교황과 크리스트교를 완전히 부정하지 못했다는 한계도 있었지. 여기에 1517년에 루터가 종교 개혁의 물꼬를 트면서 크리스트교가 구교와 신교로 나뉘었는데, 그러면서 이탈리아 예술가들을 후원하던 교회의 돈줄이 막혀 버렸어.

이런 여러 요인이 맞물려 르네상스는 16세기 중반쯤 이탈리아에서 내리막길을 걷기 시작했어. 하지만 르네상스는 알프스 이북의 여러 나라로 퍼져 갔단다.

한편, 알프스 이북의 많은 학생들이 이탈리아의 대학에 유학을 왔다가 자기 나라로 돌아가 르네상스 문화를 퍼뜨린 것도 르네상스가 알프스 이북으로 퍼지게 된 계기였어. 또한 이탈리아가 여러 차례의 전쟁으로 혼란스러워지자, 이탈리아의 예술가와 학자 들이 그들의 활동을 이어 가기 위해 알프스산맥을 넘어 다른 나라로 향한 것도 알프스 이북의 르네상스가 전개되는 데 적지 않은 영향을 주었지.

사회 개혁적 성격의 르네상스

알프스 이북의 르네상스는 이탈리아 르네상스와는 많이 달랐어.

역사 속 재미 쏙

마키아벨리의 《군주론》과 마키아벨리즘

이탈리아 도시들이 강대국과의 전쟁에 시달리는 과정에서 피렌체의 외교관이었던 마키아벨리는 1532년에 발표한 《군주론》에서 이렇게 주장했어.

"군주는 자신이 통치하는 국가의 권력과 안전을 유지하는 데에 최선을 다해야 한다. 그리고 그 목적을 위해서라면 수단과 방법을 가리지 말고, 때로는 폭력이나 교활한 방법마저도 서슴지 말아야 한다."

▲ 마키아벨리

《군주론》은 당시 강대국의 잇단 침입과 분열로 혼란에 빠진 이탈리아를 강력한 군주가 구해야 한다는 생각을 담은 책이야. 군주의 통치 기술과 정치의 냉혹한 원리를 다뤘다는 점에서 정치학에서 중요하게 평가받는 책이기도 해.

하지만 정치가가 권력을 유지하기 위해서라면 무슨 짓이든 해도 괜찮다고 주장했다는 점에서 비판과 논란의 대상이 되기도 했어. 당시에는 나라의 이익보다는 종교적으로 신의 뜻이나 명예를 지키는 일이 더 중요하다는 생각이 일반적이었거든. 그래서 권력을 유지하기 위한 정치가들의 권모술수를 일컬어 '마키아벨리즘'이라고 하기도 한단다.

이탈리아 르네상스는 고대 그리스·로마의 문화를 새롭게 되살리는 데 중점을 두었잖아.

반면 알프스 이북의 르네상스는 사회의 문제점과 크리스트교의 권위를 비판하는 사회 개혁적 성격을 띠었어. 왜냐하면 알프스 이북은 이탈리아에 비해 교회의 힘이 여전히 강했고 성직자의 횡포가 심했으며 봉건제 역시 강하게 남아 있었거든. 그러다 보니 사회를 비판하면서 초기 크리스트교 정신으로 돌아갈 것을 주장했어.

네덜란드의 에라스뮈스와 영국의 토머스 모어는 알프스 이북 르네상스에서 사회 개혁을 주장한 대표적 인물이야.

'16세기 최고의 인문주의자'라 불리는 에라스뮈스는 '어리석은 신을 존경하고 찬양한다.'라는 뜻의 《우신예찬》이라는 책에서 교황과 성직자, 왕과 왕족, 귀족 등 지배층을 냉정하게 관찰하고 비판했어. 어리석은 신이자 바보 신이기도 한 '모리아'라는 이름의 신을 주인공으로 내세워 그의 입을 통해 사회를 풍자하고 정말로 지혜로운 것이 무엇인지를 말하고자 했지.

예를 들면 이 책에서 에라스뮈스는 교황을 이렇게 비판했어.

"교황은 바로 나, 우신 덕분에 누구보다도 우아한 생활을 하고 있는 것이다. 왜냐하면 연극이나 다름없는 화려한 교회 의식을 통해 축복이나 저주의 말

▲ 에라스뮈스

▲ 에라스뮈스의 《우신예찬》

▲ 토머스 모어

▲ 《유토피아》에 그려진 유토피아섬

을 하고 감시의 눈만 번쩍이면, 그것으로 충분히 크리스트에게 충성했다고 생각하기 때문이다."

"요즈음의 교황은 가장 어려운 일들은 베드로와 바울에게 맡기고, 자신은 호화로운 의식이나 즐거운 일만 찾는다."

이 때문에 《우신예찬》은 발표되자마자 성직자의 분노를 샀고 에라스뮈스가 죽은 뒤에는 금서 목록에 오르기도 했단다.

영국의 토머스 모어는 공상 소설 《유토피아》에서 빈부 격차가 심한 영국 사회의 현실을 비판하면서 누구나 행복할 수 있는 이상적인 사회를 제시했어.

여기서 '유토피아(utopia)'란 그리스어의 'u'와 'topia'를 합쳐서 만든 말인데, 'u'에는 '없다'라는 뜻과 '좋다'라는 두 가지 뜻이 있고, 'topia'는 장소라는 뜻이 있어. 그래서 유토피아에는 '이 세상에 없는 곳'이면서 '좋은 곳'이라는 두 가지 뜻이 있지.

토머스 모어는 《유토피아》 1권에서 당시 영국 사회에 널리 퍼진 부정부패를 비판했어. 또 2권에서는 그 대안으로 '유토피아'라는 이상적인 국가를 제시했단다. 토머스 모어가 제시한 유토피아는 신분의 차별 없이 모든 사람이 평등하고, 여섯 시간 일하고 여덟 시간 잠을 자며, 종교를 선택할 수 있는 자유가 있고, 전쟁 없이 늘 평화롭고, 재산도 동등하게 나눠 갖는 사회야. '유토피아'는 토머스 모어의 작품 제목이지만, 우리말로는 '이상향'이라고 번역하고 '인간이 꿈꿀 수 있는 최선의 상태를 갖춘 완전한 사회'를 뜻하는 말로 쓰이기도 해.

역사 속 재미 쏙

'에세이(수필)'라는 문학 장르를 개척한 몽테뉴

수필이 뭔지 아니? 수필은 문학의 한 장르로, 일상생활 속에서 얻은 생각과 느낌을 형식에 얽매이지 않고 자유롭게 쓴 글을 뜻해. 영어로는 에세이(essay)라고 하지.

'에세이'라는 말은 프랑스의 사상가인 몽테뉴가 1580년에 발표한 《수상록》이라는 책 제목에서 비롯됐단다. 《수상록》의 프랑스어 제목이 'Essais'였거든.

몽테뉴는 이 책에서 '인간이란 무엇인가?', '나는 무엇을 알고 있는가?', '어떻게 하면 가장 나답고 진실해질 수 있는가?' 등의 물음은 물론 개인과 사회, 종교와 과학, 남녀평등과 성, 어린이와 교육, 문명과 자연 등 여러 분야에 걸친 생각을 격언과 일화, 시, 유머 등을 섞어 가며 자유롭게 썼어. 《수상록》의 형식은 그 뒤 '에세이(수필)'라는 한 장르로 자리 잡았고, 17세기 유럽 문학에 큰 영향을 끼쳤지.

▲ 몽테뉴의 《수상록》

◀ 몽테뉴

국민 문학의 탄생

한 나라의 국민성과 풍속, 언어, 습관 따위의 문화를 뚜렷하게 나타내는 문학을 국민 문학이라고 해. 16세기에 펼쳐진 알프스 이북의 르네상스는 이러한 국민 문학을 활짝 꽃피웠어. 당시에 나온 대표적인 국민 문학 하나를 이야기해 줄게.

에스파냐의 라만차 마을이라는 곳에 평범한 귀족이 살았어. 그는 쉰 살이 될 때까지 평범하게 살면서 기사 이야기가 나오는 소설을 열심히 읽었지.

그러던 어느 날 그는 자신을 기사라고 착각하게 되고, '기사 돈키호테'로서 발길이 이끄는 대로 자유롭게 이곳저곳을 돌아다니며 모험을 하게 돼. 앙상한 말에게 '로시난테'라는 이름을 붙여 주고 한 마을에 사는 농부 산초를 시종으로 데리고서 말이지.

이쯤 얘기하면 "아, 이거 무슨 얘기인지 알아." 하며 무릎을 치는 친구들이 있을 거야. 워낙 널리 알려진 소설이니까.

맞아. 이 소설은 에스파냐의 세르반테스가 1605년에 발표한 《돈키호테》야. 후편은 1615년에 완성했지.

▲ 에스파냐 마드리드 광장에 있는 돈키호테와 산초 동상

에스파냐는 신항로 개척에 앞장서면서 16세기 이후 유럽의 강국으로 떠오르지만 르네상스와 관련해서는 눈에 띄는 성과가 없었어. 하지만 세르반테스의 《돈키호테》만큼은 지금까지도 세계적인 명작으로 꼽히고 있지.

《돈키호테》는 책으로 나오자마자 큰 사랑을 받았고 유럽 여러 나라의 언어로 번역돼 널리 읽혔어. 심지어 서양에서는 성서 다음으로 많이 읽힌 책이라고 해.

사실 《돈키호테》는 봉건제의 모순과 함께 당시 에스파냐에서 유행하던 기사 소설을 풍자하기 위해 쓰인 소설이야. 하지만 진정으로 인간에 대해 그린 최초이자 최고의 소설이라는 격찬을 받기도 했단다.

영국의 국민 문학을 꽃피운 셰익스피어가 등장한 것도 이 무렵이야. 극작가이자 시인이었던 셰익스피어는 4대 비극으로 알려진 《햄릿》,《리어왕》,《오셀로》,《맥베스》 등을 비롯해 《말괄량이 길들이기》,《한여름 밤의 꿈》,《로미오와 줄리엣》,《베니스의 상인》 등과 같은 희곡을 발표해 영국 문학을 세계에 널리 알렸어. 그는 당시만 해도 프랑스어보다 수준이 낮은 것으로 여겨지던 영어로 작품을 썼어. 셰익스피어 덕분에 영어의 아름다움과 우수함이 널리 알려졌단다.

▲《돈키호테》의 초판 표지

기사 소설은 비범한 재주와 뛰어난 용기를 지닌 기사, 귀부인, 용 따위가 등장하며 마법의 세계가 혼합된 오락적 성격의 소설이야.

▲ 셰익스피어

▲ 제프리 초서

한편 세르반테스, 셰익스피어보다 앞서 활동했던 영국의 제프리 초서와 프랑스의 프랑수아 라블레도 알프스 이북 르네상스 시대에 국민 문학을 개척한 작가로 꼽혀.

영국 시인인 제프리 초서는 시집 《캔터베리 이야기》를 발표해 '영국 시의 아버지'라는 이름을 얻었어. 이 작품은 캔터베리 성지를 순례하기 위해 모인 순례자들이 번갈아 이야기를 하는 형식으로, 24편의 이야기가 실렸어. 이탈리아의 보카치오가 쓴 《데카메론》과 비슷한 구성이지만 등장인물의 직업과 신분, 이야기가 훨씬 다채로운 데다 당시 영국의 종교, 사회 제도, 풍속 등을 잘 알 수 있는 작품이야.

프랑수아 라블레는 《가르강튀아와 팡타그뤼엘》이라는 소설을 써서 이름을 남겼어. 이 작품은 가르강튀아와 그의 아들 팡타그뤼엘이라는 두 명의 거인 영웅의 유쾌하면서도 자유로운 모험담을 그린 작품인데, 모두 다섯 권으로 쓰였어. 프랑스 정치와 사회에 대한 풍자와 비판, 자유와 존엄에 눈뜬 인간의 이야기를 그렸을 뿐 아니라 풍부한 어휘와 다양한 문학 기법을 사용해 프랑스 르네상스 시대를 빛낸 걸작으로 평가된단다.

▲ 프랑수아 라블레

역사 속 재미 쏙

영국 문학의 아버지, 셰익스피어

르네상스 시대에 활약했던 셰익스피어는 영국이 자랑하는 세계적인 작가야. 그는 연극을 무대에 올릴 때 필요한 대본인 희곡을 주로 쓴 극작가이지만 시인이기도 했어.

셰익스피어는 아버지가 부유한 상인이라 어렸을 때는 넉넉한 가정에서 자랐어. 하지만 집안 형편이 나빠지면서 제대로 교육을 받지 못했대.

그러다가 결혼을 한 뒤 극단의 배우가 됐고, 연극을 하는 틈틈이 희곡을 써서 극작가로 활동하기 시작했어. 원래는 극장에서 다른 일을 했는데, 한 연극배우가 갑자기 병이 나서 연극을 못하게 되는 바람에 대신 무대에 서면서 연극배우가 됐다는 얘기도 있어. 특히 흑사병이 유럽을 휩쓸어 극장이 문을 닫게 되자 희곡을 더욱 열심히 써서 극작가로 주목을 받기 시작했다고 해.

그 뒤 셰익스피어는 영국의 연극계에 큰 영향을 미치던 극단의 전속 작가로 활동하면서 희극, 비극, 사극 등 여러 분야의 작품을 다양하게 발표해 영국 사람들의 마음을 사로잡았어.

셰익스피어는 모두 38편의 희곡을 남겼는데 가장 유명한 것은 '셰익스피어의 4대 비극'으로 꼽히는 《햄릿》, 《리어왕》, 《맥베스》, 《오셀로》야. 아름답고도 슬픈 러브 스토리로 널리 알려진 《로미오와 줄리엣》도 셰익스피어의 작품이란다.

▶ 셰익스피어의 흉상

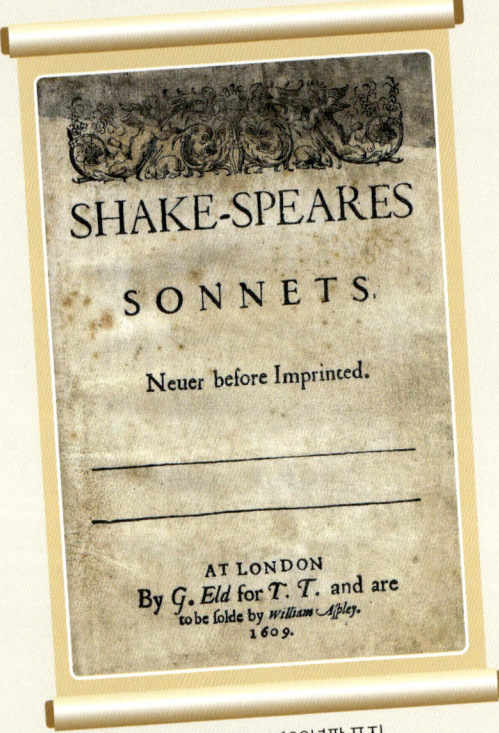

▲ 셰익스피어의 《소네트》, 1609년판 표지

이 밖에도 셰익스피어는 소네트 154편, 장편 서사시 2편, 시 60여 편을 남겼어.

세계 문학사에서 셰익스피어의 가장 큰 업적은 그 당시 희곡에서 흔했던 평면적이고 비현실적인 인물 대신 햄릿과 맥베스 같은 입체적이고 사실적인 인물을 창조해 냈다는 거야. 또 등장인물들의 대사가 생생하고, 희극과 비극 모두에서 고르게 걸작을 남겼다는 점도 그가 위대한 작가로 꼽히는 이유란다.

아울러 그 당시 영국 작가들이 라틴어로 글을 쓸 때, 셰익스피어는 영어로 작품을 써서 영어가 세계적인 언어가 되는 데 크게 이바지했어. 셰익스피어가 '영국 문학의 아버지'로 불리는 것은 이 때문이기도 해.

그런데 셰익스피어의 생애는 그가 세계 문학과 연극에 끼친 영향에 비해서는 정확하게 알려진 것이 드물단다. 심지어 셰익스피어의 삶을 다룬 수많은 전기에 실린 이야기 중에서 '사실'은 5퍼센트밖에 되지 않을 거라는 말도 있을 정도야.

> 소네트는 14행으로 이루어진 짧은 시를 말해.

사느냐 죽느냐, 그것이 문제로다

"사느냐 죽느냐, 그것이 문제로다."라는 말을 들어 본 적 있니? 영어로는 "To be, or not to be, that is the question."이라고 하는데, 셰익스피어가 쓴 《햄릿》에 나오는 유명한 대사란다.

《햄릿》의 주인공인 덴마크 왕자 햄릿은 아버지가 죽은 뒤 어머니와 결혼한 작은아버지 클로디어스가 바로 아버지를 죽인 범인이라는 걸 알게 돼. 작은아버지가 아버지를 죽이고, 어머니와 재혼까지 했다는 것을 알았으니 햄릿의 분노는 정말 컸지. 그래서 클로디어스에게 복수할 기회를 엿보지만 쉬운 일이 아니었어. 자신의 삶과 죽음이 걸려 있었으니까.
"사느냐 죽느냐, 그것이 문제로다."
햄릿은 이런 말을 하며 고민을 거듭하다가 결국 복수를 하지만 결국엔 클로디어스, 어머니, 햄릿 자신까지 모두 죽게 되고 말지.
그 뒤 "사느냐 죽느냐, 그것이 문제로다."라는 말은 삶과 죽음을 좌우할 만큼 중요한 문제를 결정해야 하는 순간에 널리 쓰이게 됐어.

▲《햄릿》의 한 장면 중 아버지의 유령을 보게 된 햄릿이야.

▼ 셰익스피어의 생가로 알려진 집

알프스 이북의 르네상스 미술

알프스 이북의 르네상스 미술은 이탈리아를 중심으로 한 미술과는 많이 달랐어. 이탈리아의 르네상스 미술은 그리스·로마 신화에 나오는 신이나 크리스트교, 왕과 성직자, 귀족 등을 소재로 한 작품들이 대부분이었잖아. 그런데 이와 달리 알프스 이북의 르네상스 미술은 농민이나 상인 같은 일반인들의 생활을 그린 풍속화나 자연을 그린 풍경화가 대부분이었어. 이 시기의 알프스 이북 예술가들은 평범한 사람들의 일상과 자연의 모습을 보이는 그대로 그리는 것을 좋아했기 때문이야. 그래서 알프스 이북의 르네상스 미술 작품들은 이탈리아 르네상스의 작품들처럼 거창하거나 웅장해 보이지는 않지만, 인간적이며 사실적이고 정겨운 작품들이 많단다.

이 시기에 으뜸으로 손꼽히는 화가는 플랑드르의 얀 반 에이크야. 그는 인물이나 사물을 보이는 대로 자세하게 그리는 사실주의를 바탕으로 보통 사람들의 초상화와 풍속화를 많이 그렸어. 그의 대표작으로는 〈아르놀피니의 결혼〉이 있어. 네덜란드에 온 이탈리아 상인인 아르놀피니 부부를 묘사한 작품인데,

▲ 얀 반 에이크의 〈아르놀피니의 결혼〉

옷 주름이며 강아지 털까지도 아주 섬세하고 아름답게 표현했지.

특히 얀 반 에이크는 물감에 기름을 섞어서 그리는 유화 기법을 발명한 것으로도 알려져 있어. 당시 화가들은 광물이나 식물에서 추출한 물감에 달걀 노른자를 섞어서 그림을 그렸는데, 빨리 마른다는 단점이 있었어. 하지만 유화는 물감에 기름을 섞어 그리기 때문에 빨리 마르지 않고, 색조와 농담, 재질감 등을 더욱 다양하게 표현할 수 있었어.

플랑드르 화가인 브뤼헐도 알프스 이북의 르네상스 미술에서 손꼽히는 화가야. 브뤼헐은 초기에는 풍경화로 이름을 날렸지만 나중에는 농민의 일상을 생생하면서도 정겹게 그려 내 '농민 화가'로 불렸단다. 대표작으로는 〈농가의 결혼식〉과 〈아이들의 놀이〉가 있어.

〈농가의 결혼식〉은 농촌 농가에서 결혼식을 마친 뒤 축하하러 온 사람들이 어울려 즐거운 시간을 보내는 피로연 장면을 담았어. 농민

◀ 브뤼헐의 〈농가의 결혼식〉

▲ 브뤼헐의 〈아이들의 놀이〉

들과 농가의 풍경이 눈에 보일 듯 정겹고 생생하게 묘사됐지. 〈아이들의 놀이〉는 수많은 어린이들이 여러 가지 놀이를 하며 노는 모습을 담은 작품이야. 이 작품에 그려진 어린이의 수는 200여 명가량 되고, 놀이 종류도 90가지가 넘는단다. 400여 년 전 유럽 어린이들이 무엇을 하며 어떻게 놀았는지 엿볼 수 있는 중요한 작품이지.

▶ 플랑드르 지역이야. 얀 반 에이크, 브뤼헐이 플랑드르 출신의 화가야.

신성 로마 제국의 뒤러도 이 시대의 중요한 화가야. '독일 미술의 아버지'로 불리는 뒤러는 자화상과 판화 작업을 많이 했고, 가장 아름다운 인체 비례를 탐구해 그림을 그리기도 했단다.

◀ 뒤러의 〈자화상〉이야.
예술가로서 자의식을 갖고
처음으로 자화상을 그린 화가가
뒤러야.

 **세계사가 한눈에 쏙!**

01 르네상스는 이탈리아에서 알프스산맥을 넘어 유럽 곳곳으로 퍼져 갔다.

02 알프스 이북에서는 여전히 교회의 힘이 강했고 성직자의 횡포가 심했기 때문에, 이러한 봉건적인 속박에서 벗어나려는 생각이 르네상스 문화의 바탕이 되었다. 따라서 사회 비판적이고 개혁적인 성향이 강했다.

03 에라스뮈스는 《우신예찬》에서 교회와 성직자의 타락을 비판했고, 토머스 모어는 《유토피아》에서 당시 영국의 사회를 지적하며 이상적인 사회를 제시했다.

04 에스파냐의 세르반테스는 《돈키호테》를 통해 르네상스의 특성을 지닌 국민 문학을 탄생시켰다. 영국 문학의 아버지라 불리는 셰익스피어도 르네상스 시대를 대표하는 작가이다. 셰익스피어는 많은 희곡과 소네트, 장편 서사시 등을 라틴어가 아닌 영어로 썼다.

05 유럽 곳곳에 퍼진 르네상스 미술은 인간적이며 사실적이고 정겨운 작품들이 많다. 이 시대의 대표적인 화가로는 얀 반 에이크, 브뤼헐이 있다. 유화 기법을 개발한 얀 반 에이크의 대표 작품으로는 〈아르놀피니의 결혼〉이 있고, 브뤼헐의 대표 작품으로 〈농가의 결혼식〉과 〈아이들의 놀이〉가 있다.

3장
유럽을 뒤흔든 종교 개혁

| 면벌부 판매
| 종교 개혁의 물꼬를 튼 루터
| 스위스의 종교 개혁과 칼뱅
| 헨리 8세의 종교 개혁과 영국 국교회의 탄생

유럽에 르네상스의 바람이 부는 동안, 크리스트교 쪽에서는 엄청난 변화의 움직임이 일었어. 부패하고 타락한 로마 가톨릭교회와 교황을 비판하고 크리스트교를 새롭게 바꾸려는 '종교 개혁'의 움직임이 일어나기 시작한 거야. 크리스트교는 오랫동안 유럽 사람들의 생활과 생각을 지배했어. 하지만 십자군 전쟁을 치르면서 휘청거리기 시작하더니, 로마 가톨릭교회와 교황이 부정부패를 일삼으며 완전히 타락해 버렸지. 죄를 용서받고 천당에 갈 수 있도록 해 준다며 신도들에게 면벌부를 팔아 많은 돈을 끌어모으기까지 했단다.

이에 신성 로마 제국에서 루터가 교황과 로마 가톨릭교회의 잘못을 지적하는 〈95개조 반박문〉을 발표했어. 종교 개혁이 시작된 거야. 이것을 출발점으로 스위스, 프랑스, 영국, 네덜란드 등에서도 부패한 성직자를 내쫓고 교회를 뜯어고쳐야 한다는 개혁이 일어났지. 그 결과로 크리스트교는 크게 로마 가톨릭(구교)과 프로테스탄트(신교)로 나뉘게 되었단다.

자, 16세기 유럽을 송두리째 뒤흔든 종교 개혁을 한번 살펴보자꾸나.

▼ 보름스 제국 의회에서 자신의 신념을 설명하고 있는 루터

면벌부 판매

"지은 죄를 용서받고 천당에 가고 싶소? 그렇다면 면벌부를 사시오! 헌금 상자에 돈이 딸랑 하며 떨어지는 순간, 영혼이 지옥에서 튀어 올라 천당으로 갈 것이오!"

"아무리 몹쓸 죄를 지었어도 뉘우칠 필요가 없어요. 돈을 내고 면벌부만 사면 다 용서되니까요. 먼 미래에 죄를 짓더라도 지금 미리 면벌부를 사 두면 다 해결되고요!"

"이미 죽은 사람도 면벌부를 사 두면 연옥에서 빠져나와 천당으로 갈 수 있소. 지옥에서 힘겹게 고통을 받는 부모 형제를 면벌부로 구해 줍시다!"

16세기 초, 로마 교황청의 가톨릭교회들은 이런 말로 신도들을 꾀어 면벌부를 팔았어. 면벌부는 '면죄부'라고도 하는데, 죄를 없애고 벌을 면해 준다는 글이 적힌 증명서를 뜻해.

사람들은 그 말을 철석같이 믿고 면벌부를 샀어. 특히 신성 로마 제국에서는 면벌부가 불티나게 팔렸지.

왜 이런 말도 안 되는 일이 벌어졌는지 궁금하지? 이제부터 설명해 줄 테니 잘 들어 보렴.

▲ 교회에서 면벌부를 파는 모습

그 무렵 유럽 사람들은 십자군 전쟁, 흑사병 등으로 오랫동안 시달렸어. 특히 흑사병으로 유럽 인구의 3분의 1이 죽게 되자 신이 벌을 주는 것이라는 생각에 두려움에 떨었지. 그런 생각을 악용해 로마 가톨릭교회에서는 사람들의 불안감을 부추겼어. 죄를 지은 사람은 죽은 뒤 지옥에서 가혹한 형벌을 받게 된다면서 말이야.

하지만 14세기부터 16세기까지 이어진 르네상스 덕분에 유럽의 다른 나라들은 인간을 중심으로 세상을 바라보게 되었어. 로마 교황청과 교회에 대한 신앙심은 예전 같지 않았고, 교황보다 국왕의 힘이 더 강해졌지. 더 이상 면벌부 판매도 잘 되지 않았어.

그런데 신성 로마 제국은 제후(영주)들이 다스리는 크고 작은 나라들로 이루어져 있었기 때문에 황제의 힘이 약했고 교황의 입김이 강하게 미칠 수 있었어. 이런 점을 노려 로마 교황청과 교회는 신성 로마 제국에서 마음껏 면벌부를 팔아 돈을 두둑이 벌었지.

면벌부는 언제 처음 등장했을까?

종교 개혁이 시작된 16세기뿐만 아니라 그 전에도 로마 교황청에서는 면벌부를 팔았단다. 면벌부는 예수와 성인들이 이룩해 놓은 공덕의 일부분을 교황이 떼어 내 신도의 죄를 없애 주고 벌을 면해 주는 데 사용할 수 있다는 논리에서 출발한 개념이야.

크리스트교에서 맨 처음 면벌부가 등장한 것은 십자군 전쟁이 일어났을 때인데, 이때는 전쟁에 참가하는 병사나 전쟁 비용을 대 준 사람들에게 보상의 대가로 주었다고 해.

교황청에 돈을 내고 성직자 자리를 산 뒤, 그렇게 들어간 돈을 메우고 교황청에 헌금을 내기 위해 면벌부를 파는 경우도 많았어. 어떤 교회에서는 아예 면벌부 전문 판매원을 두기까지 했으니 얼마나 극성이었는지 알겠지?

그런데 로마 교황청에서 왜 면벌부를 팔았냐고? 당시 교황이었던 레오 10세는 겉으로는 로마에 있는 성 베드로 대성당을 고쳐 짓는 데 필요한 돈을 모아야 한다는 이유를 내세웠어. 하지만 그보다는 교황과 성직자들이 탐욕스러운 생활을 하느라 진 빚을 면벌부를 팔아 번 돈으로 갚으려 했기 때문이란다.

▲ 레오 10세

종교 개혁의 물꼬를 튼 루터

면벌부 판매가 극성을 부리자 성직자이자 신학 교수였던 루터는 깊이 한탄했어.

'면벌부를 사기만 하면 죄가 용서되고 벌도 면해진다니 말이 되나? 오직 진실한 믿음과 신의 은총으로만 구원받을 수 있는데. 교황청과 교회가 썩어 빠져도 너무 썩어 빠졌어.'

신앙심이 깊었던 루터는 그렇지 않아도 그즈음 크리스트교에 무척 실망하고 있었어. 로마에 성지 순례를 갔다가 교황청과 로마 가톨릭교회가 부패하고 타락한 것을 직접 목격했거든. 그러던 중 교회에서 면벌부 판매까지 하자 가만있을 수 없다고 생각했지.

루터는 면벌부 판매가 잘못된 것임을 95개 조항으로 나눠 조목조목 따지는 글을 썼어. 그리고 1517년 10월 31일 자신이 속했던 비텐베르크 대학교에 있는 교회의 정문에 붙였지. 이게 그 유명한 루터의 〈95개조 반박문〉이야.

▲ 루터

이 반박문에서 핵심이 되는 내용은 모든 사람은 신 앞에서 평등하며, 성서에 적힌 신의 말씀을 진실하게 믿어야만 구원받을 수 있다는 것이었어. 즉, 면벌부를 산다고 구원받는 것이 아니라는 것이지. 또한 모든 권위는 성서에서 비롯되므로 교황청과 교회, 수도원은 존재할 이유가 없다고 말했단다.

루터의 반박문은 삽시간에 인쇄돼 신성 로마 제국 곳곳에 뿌려졌고, 유럽 전체로 퍼져 나갔어. 구텐베르크가 활판 인쇄술을 개발해 인쇄가 쉬워진 덕분이었지.

루터의 주장을 따르는 사람들은 날로 늘어났어. 다들 하고 싶었던 이야기를 루터가 대표로 한 셈이니까 말이야.

이 상황을 본 로마 교황청은 발칵 뒤집혔어. 교황청과 로마 가톨릭교회에 정면으로 도전했으니 그럴 만도 했겠지.

교황청은 루터를 불러들여 생각을 바꾸고 반박문을 취소하라고 했어. 루터는 그럴 수 없다고 했지. 교황은 루터를 로마 가톨릭교회에서 내쫓겠다며 파문장을 보냈지만 루터는 그 파문장마저 불태워 버렸어.

▲ 루터의 〈95개조 반박문〉

이렇게 되자 수많은 사람들이 루터를 응원하며 따랐어. 특히 교황청의 압박 때문에 많은 세금과 헌금을 냈던 신성 로마 제국의 제후들이 루터를 보호했어. 그전에도 교황청을 비판했다가 이단으로 낙인찍혀 화형을 당한 사람이 있었기에 루터의 안전이 걱정되었던 거야.

이단은 한 종교 안에서 정통의 가르침에서 벗어난 이론이나 그것을 주장하는 사람을 말해.

루터는 숨어 지내는 동안 라틴어로 된 성서를 독일어로 번역해 펴냈어. 루터의 독일어 성서 덕분에 라틴어를 몰랐던 사람들도 쉽게 성서를 읽고 해석할 수 있게 됐지. 성서는 그때까지만 해도 라틴어로 쓰여 있어서 라틴어를 공부한 성직자와 학자들 말고는 읽을 수 없었거든. 루터의 종교 개혁은 성서와 함께 널리 퍼졌고, 루터를 지

▲ 루터가 번역한 독일 성서

지하는 '루터파'의 수는 점점 더 늘어났어.

특히 가난하고 억압받던 농민들은 종교 개혁에 영향을 받아 불만을 폭발시켰어. 농민들은 수도원과 영주들의 집을 불태우는가 하면 농노제 폐지, 영주의 처벌 금지, 세금 인상 반대 등의 주장을 내세우고 강하게 저항했어.

독일어로 번역한 성서는 교황의 권위를 낮추는 역할을 했어.

그런데 루터는 종교 개혁을 원했지, 사회 제도의 개혁을 원한 것은 아니었기 때문에 농민들 편을 들지 않았어. 오히려 농민들의 요구를 들어주지 말고 그들을 짓밟아야 한다고 영주들에게 충고하기까지 했을 정도야. 결국 루터에게 영향을 받아 일어난 농민 전쟁은 실패하고 말았지.

그 뒤 신성 로마 제국 사람들은 가톨릭파와 루터파로 나뉘어 오랫동안 싸웠어. 특히 루터파는 로마 가톨릭교회의 부정부패에 강하게 항의했지. 루터파를 '항의하는 사람들'이라는 뜻에서 '프로테스탄트(protestant)'라고 부르게 된 것은 이 때문이야.

프로테스탄트는 새로운 종교라는 의미에서 '신교'라고 불렀어. 이때부터 크리스트교는 로마 가톨릭교회와 신교로 나뉘게 되었어. 로마 가톨릭교회는 옛날 종교라는 뜻에서 '구교'라고도 하지.

결국 로마 교황청과 신성 로마 제국은 1555년에 아우크스부르크 화의에서 루터파 교회를 정식으로 승인한다고 발표했어. 하지만 그렇다고 개개인에게 종교를 선택할 자유가 완전히 주어진 것은 아니었어. 신성 로마 제국의 영주들은 로마 가톨릭교회와 루터파 교회 중에서 자유롭게 종교를 선택할 수 있었지만, 영주가 다스리는 지역의 주민들은 영주가 믿고 있는 종교를 똑같이 받아들여야 했거든.

역사 속 재미 쏙

〈95개조 반박문〉의 주요 조항

6조. 교황은 신의 용서를 구하는 것 말고는 어떠한 죄도 용서할 수 없다.
20조. 교황이 모든 벌을 면제한다고 선언한다면 그것은 단지 교황 자신이 내린 벌을 용서한다는 뜻이다.
21조. 면벌부를 사면 모든 죄에서 해방되고 구원받을 수 있다고 말하는 것은 잘못이다.
27조. 헌금 상자에 돈이 딸랑 소리를 내며 떨어지는 순간 영혼이 연옥에서 튀어 올라 천당으로 간다고 하는 것은 우스운 말이다.
36조. 진심으로 죄를 뉘우친다면 면벌부 없이도 죄와 벌에서 해방될 수 있다.

▲ 비텐베르크성 교회 문에 새겨진 루터의 〈95개조 반박문〉

52조. 면벌부를 샀기 때문에 행복해지리라 믿는 것은 헛된 신앙이다.

86조. 최고 부자인 교황은 왜 자신의 돈을 쓰지 않고 가난한 신자의 돈으로 성 베드로 대성당을 고쳐 지으려 하는가?

종교 개혁의 선구자, 위클리프와 후스

루터가 〈95개조 반박문〉을 발표하기 전, 유럽에는 이미 교회의 부패와 타락을 지적한 사람이 있었어. 바로 영국의 위클리프와 보헤미아(오늘날의 체코)의 후스야. 옥스퍼드 대학교의 신학 교수였던 위클리프는 교회가 돈과 권력을 쫓느라 죄를 지었으므로 교회가 가진 재산을 빼앗아 나라를 위해 써야 한다고 주장했어. 그러자 교황청은 1377년에 위클리프를 이단으로 몰아 종교 재판을 열었어. 그러나 귀족과 평민들이 위클리프를 옹호해 그는 옥스퍼드 대학교로 되돌아갔지. 하지만 그가 죽은 뒤인 1415년 콘스탄츠 공의회에서 이단 판결을 내렸고, 위클리프의 유해와 그가 쓴 책들이 불태워지고 말았어.

보헤미아에 있는 프라하 대학교 총장이었던 후스는 위클리프의 영향을 받아 교회가 돈과 권력에 눈이 멀어 믿음을 잃었다면서 면벌부 판매를 비판했어. 그래서 성서의 가르침에 따라 초기 크리스트교의 신앙 공동체로 돌아가야 한다고 주장했지. 교황청은 후스 역시 이단으로 몰아 1415년 화형에 처했어.

▲ 위클리프의 유해와 그의 책들이 불태워진 사건을 묘사한 그림

◀ 화형당하는 후스를 묘사한 그림

스위스의 종교 개혁과 칼뱅

루터가 일으킨 종교 개혁의 불꽃은 유럽의 다른 나라들에도 큰 영향을 주었어. 여기저기에서 루터의 뜻에 동조하며 종교 개혁이 일어났거든.

우선 스위스에서는 1523년에 성직자 츠빙글리가 면벌부 판매와 교회의 부패를 비판하며 〈67개조 의견서〉를 발표해 종교 개혁의 불을 지폈단다. 츠빙글리는 로마 교황의 권위를 인정하지 않고, 성서 중심의 신앙을 가져야 한다고 주장했어. 성서에 적혀 있지 않은 사항을 교황이나 교회의 뜻에 따라 하는 것은 옳지 않다는 뜻이었지.

▲ 츠빙글리

츠빙글리의 주장에 동의하며 따르는 사람은 크게 늘어났어. 화들짝 놀란 로마 교황청은 츠빙글리 역시 이단으로 몰았는데, 스위스에는 루터의 경우처럼 츠빙글리를 보호해 주고 숨겨 주는 제후가 없었어. 츠빙글리는 자신을 지지하는 이들을 모아 로마 가톨릭교회의 군대와 싸웠지만 1531년에 목숨을 잃고 말았단다.

그러자 가톨릭교회가 새롭게 바뀌어야 한다고 주장하다가 프랑스

▲ 칼뱅

에서 쫓겨나 스위스로 망명한 프랑스의 종교 지도자, 칼뱅이 종교 개혁을 이어 갔어.

칼뱅은 1536년에 발표한 《크리스트교 강요》에서 '인간은 오로지 신의 은총에 의해 구원받을 수 있으며 구원을 받는 자는 신의 예정에 따라 미리 결정돼 있다.'라고 주장했어. 이를 가리켜 '예정설'이라고 해.

아울러 교회에서 하는 의식을 간소하게 해야 하고, 교회를 이끌어 나가는 사람은 성직자가 아닌 신도들이어야 한다고 강조했지. 그래서 신도들 가운데 장로를 뽑아서 운영하는 장로교회를 제네바에 세웠단다. 지금 우리나라에도 있는 장로교는 바로 이 제네바 장로교회에 뿌리를 두고 있어.

또한 칼뱅은 사제나 목사 등 성직자뿐만 아니라 모든 직업은 다 신성하다고 했지. 그래서 진실한 믿음을 갖고 부지런하고 성실하고 검소하게 자기 일에 최선을 다하면 신의 은총에 따라 구원을 받는다고 주장했어. 이것을 일컬어 '직업 소명설'이라고

◀ 칼뱅의 《크리스트교 강요》

해. 특히 열심히 일해서 돈을 많이 버는 것은 신을 믿고 따르는 증거이므로 축복으로 생각해야 한다고 했지.

면벌부 따위는 필요도 없고, 교황과 성직자들을 특별히 신성하게 여길 이유가 없다는 칼뱅의 주장을 스위스 사람들은 열렬히 환영했어. 특히 상공업을 통해 돈을 벌고 있는 사람들이 칼뱅을 좋아하고 따랐지.

칼뱅의 종교 개혁은 다른 나라에도 큰 영향을 미쳐 '칼뱅파'라는 세력을 만들었어. 영국의 퓨리턴(청교도), 프랑스의 위그노, 스코틀랜드의 장로교, 네덜란드의 고이센 등이 모두 칼뱅파에서 갈라져 나온 신교란다.

> 위그노는 프랑스의 신교도를 일컫는 말이야. 함께 투쟁하는 '동지'라는 뜻을 가진 프랑스어 'aiguenots'에서 유래했단다.

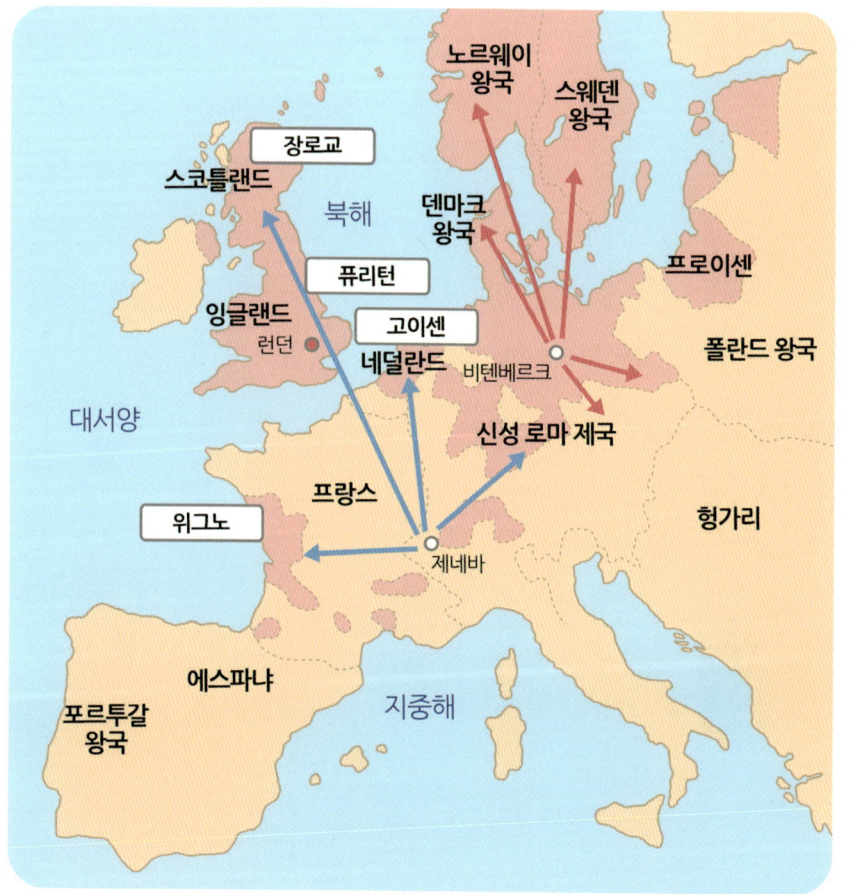

◀ 종교 개혁으로 인한 구교와 신교의 변화

- 루터파
- 칼뱅파
- 영국 국교회의 출발점
- 프로테스탄트(신교)
- 로마 가톨릭교(구교)

헨리 8세의 종교 개혁과 영국 국교회의 탄생

이제 영국으로 가 볼까? 신성 로마 제국이나 스위스와는 달리, 영국은 엉뚱하게도 바람둥이 국왕 때문에 종교 개혁이 이루어졌단다.

당시 영국의 국왕이었던 헨리 8세는 왕비인 캐서린을 좋아하지 않았어. 캐서린은 당시 유럽의 최강국인 에스파냐의 공주였는데, 서로 사랑해서가 아니라 정치적인 이유로 결혼을 했기 때문이야. 헨리 8세와 캐서린 사이에서는 딸 하나만 있고, 아들이 없었어. 그 딸이 훗날 메리 1세란다.

헨리 8세는 캐서린 왕비의 시녀였던 앤 불린과 사랑에 빠져 있었지. 헨리 8세는 왕위를 이을 왕자가 없다는 이유를 내세워 캐서린과 이혼하고 앤 불린과 재혼하려 했어. 앤과 재혼해 왕자를 낳아 왕권을 튼튼히 하고 싶은 마음도 있었지.

그런데 캐서린과 이혼을 하려면 교황에게서 승인을 받아야 했어. 결혼은 신 앞에서 맹세한 성스러운 약속이기에 신을 대신하는 교황에게 허락을 받아야 했거든.

헨리 8세는 당시 교황인 클레멘스 7세에게 캐서린과의 이혼을 허락해 달라고 했어. 하지만 캐서린은

▲ 헨리 8세의 첫 번째 부인 캐서린

◀ 헨리 8세

당시 세계 최고 강대국인 에스파냐 왕이자 오스트리아 왕이며 신성 로마 제국의 황제였던 카를 5세의 이모였어. 교황은 이리저리 눈치를 보다가 헨리 8세와 캐서린의 이혼을 허락하지 않았지. 헨리 8세와 캐서린의 이혼을 승인했다가 카를 5세가 교황청에 하던 후원을 끊기라도 하면 큰일이니까 말이야.

헨리 8세는 아무리 교황이라도 한 나라 국왕의 이혼 문제까지 간섭하는 것은 지나치다고 생각했어. 그래서 1534년에 이렇게 선언했지.

"이제부터 우리 영국 교회의 수장은 교황이 아니라 바로 짐이다. 그동안 로마 가톨릭교회가 관리하던 토지와 재산도 영국 교회의 수장인 짐의 것이다."

▲ 클레멘스 7세

이것을 일컬어 '수장법'이라고 해. 헨리 8세가 스스로 교회의 수장이라는 것을 선포했다는 뜻이지. 이후부터는 영국 교회와 성직자들이 교황청이 아닌 국왕의 지시를 받게 된 거야.

> 수장은 우두머리라는 뜻이야.

이렇게 해서 영국에서는 로마 가톨릭교회와 교황에게서 독립된 영국 국교회가 탄생했어. 헨리 8세는 뜻대로 캐서린과 이혼하고 앤을 새 왕비로 맞았지.

그럼 앤 불린이 새 왕비가 된 뒤 헨리 8세와 잘 살았냐고? 아니란다. 헨리 8세는 곧 앤 불린에게 싫증이 났어. 더구나 앤이 딸만 낳고 왕자를 낳지 못하자 또다시 시녀와 바람을 피웠지. 그러고는 앤이 영국 국교회의 교리는 로마 가톨릭교회와 별로 다른 것이 없었어. 그래서 신교 중에서는 가장 로마 가톨릭교회에 가깝다고 할 수 있어. 영국 국교회는 우리나라에서는 '성공회'라고 부르기도 해.

불륜을 저질렀다는 누명을 씌워 처형해 버렸어. 그 뒤에 세 번째 왕비가 아들을 낳긴 낳았어. 하지만 세 번째 왕비는 아이를 낳은 지 얼마 되지 않아서 병으로 세상을 떠났지. 그리고 아들도 왕위에 오른 지 몇 년 되지 않아 병으로 죽고 말았어. 결국 영국 왕위는 헨리 8세의 첫 번째 왕비 캐서린이 낳은 딸 메리 1세와 두 번째 왕비 앤이 낳은 딸 엘리자베스에게 차례로 돌아가게 된단다.

이렇게 영국마저 로마 가톨릭교회를 버리자 교황과 로마 가톨릭교회는 위기감을 느꼈어. 그리고 교회 내부에서 변화가 필요하다는 목소리가 나오기 시작했지.

▼ 영국 국교회의 중심지인 캔터베리 대성당

종교 개혁에 불을 지핀 구텐베르크

"구텐베르크가 없었다면 루터는 성공하지 못했을 것이다."
유럽의 종교 개혁을 이야기할 때, 사람들은 이런 말을 곧잘 한단다. 이게 무슨 말이냐면 구텐베르크가 서양에서 처음으로 활판 인쇄술을 발명한 덕분에 루터의 종교 개혁이 성공했다는 거야.
구텐베르크는 신성 로마 제국에서 금화를 만드는 기술자의 아들로 태어났어. 그래서 어렸을 때부터 아버지 어깨너머로 금화 만드는 방법을 익혔고 여러 가지 금속을 잘 다뤘다고 해. 그러다 1450년 무렵 인쇄 공장을 만들었고, 기술이 발전함에 따라 2~3년 뒤 성서를 인쇄할 수 있게 되었어.

▲ 구텐베르크

인쇄술은 크게 목판 인쇄술과 활판 인쇄술로 나뉜단다. 목판 인쇄술은 글자를 나무판에 새긴 다음 잉크를 묻혀 종이에 찍어 내는 방법이야. 한꺼번에 많은 글을 인쇄할 수는 있지만, 나무판에 글자를 일일이 새겨야 한다는 단점이 있지. 또 한 글자만 잘못 새겨도 나무판 한 판 전체를 갈아야 한다는 문제도 있었어.
활판 인쇄술은 금속으로 글자를 주조해 원하는 문장대로 짜 맞춘 뒤 잉크를 묻혀 원하는 수량만큼 종이에 찍어 내는 거야. 목판 인쇄술보다 짧은 시간에 한꺼번에 많은 양을 인쇄할 수 있을뿐더러, 활자를 해체해 다시 사용할 수 있다는 장점이 있지.
원래 중세 유럽에서는 소가죽이나 양가죽으로 된 '피지'에 글자를 일일이 손으로 써서 책을 엮어 냈어. 그러다 보니 책 한 권을 만드는 데 시간이 오래 걸렸을 뿐 아니라 매우 비쌌지. 이 당시 책은 돈 많은 귀족, 성직자, 학자 들이나 접할 수 있는 사치품이었어.

▲ 당시의 인쇄 모습

그러다 중국에서 발명된 종이와 목판 인쇄술이 이슬람 세계를 거쳐 유럽으로 전해지면서 14세기 무렵에는 목판 인쇄술을 활용해 종이로 책을 만들게 됐어. 피지에 일일이 손으로 쓸 때보다는 쉽고 빨라졌지만 그래도 아직 한계가 있었지. 그런데 구텐베르크가 활판 인쇄술을 발명하면서 인쇄 혁명이 일어난 거야.

구텐베르크는 어렸을 때부터 익힌 금화 만드는 법을 기초로 거푸집에 쇳물을 부어 금속 활자들을 만들고, 이것을 하나하나 조합해 판을 짠 다음 잉크를 묻혀 종이에 찍어 내는 방법을 개발해 냈지. 그리고 포도즙이나 올리브유를 짜는 압착기에서 아이디어를 얻어 1분에 두세 장씩 인쇄할 수 있는 활판 인쇄기를 만들었어. 아울러 구텐베르크는 램프의 그을음과 아마씨 기름을 섞어 새로운 잉크도 개발하고, 활자의 배열, 글줄 간격 조절, 종이 두께, 잉크의 묽기 같은 것을 수없이 실험한 끝에 자신만의 활판 인쇄술을 완성했단다. 그리고 드디어 《구텐베르크 성서》를 찍어 냈어. 라틴어 성서를 1쪽에 42줄씩 인쇄한 것이라서 《42줄 성서》라고도 하지.

▲ 구텐베르크가 만든 《구텐베르크 성서》의 첫 페이지

구텐베르크가 활판 인쇄술을 발명한 뒤 유럽에서는 1주일 만에 500권이나 되는 책을 찍어 낼 수 있게 되었어. 그러다 보니 책값도 저렴해져서 보통 사람들도 쉽게 책을 사 볼 수 있었지.

루터의 〈95개조 반박문〉 역시 구텐베르크가 개발한 활판 인쇄술 덕분에 교회 정문에 붙여지자마자 인쇄돼 사람들에게 불티나게 퍼져 나갔어. 만약 활판 인쇄술이 없었다면 루터의 반박문은 작은 소동에 그치고 말았을 거야. 종교 개혁도 일어나지 못했겠지. 루터가 번역한 독일어 성서가 활판 인쇄술 덕분에 대량 인쇄된 것도, 루터의 종교 개혁이 성공할 수 있었던 원인 중 하나야.

안타깝게도 구텐베르크는 유럽의 근대를 이끈 활판 인쇄술로 돈을 벌지는 못했어. 함께 인쇄소를 차렸던 동업자가 그의 인쇄소를 가로챘기 때문이야. 하지만 그의 인쇄술 덕분에 유럽 사회에는 인쇄 혁명이 일어났고, 르네상스와 종교 개혁도 큰 힘을 받을 수 있었지.

구텐베르크보다 앞섰던 우리나라의 인쇄술

활판 인쇄술이 서양이 아닌 동양에서 먼저 발명되었다는 것을 알고 있니? 그것도 우리나라에서 말이야.

고려 시대에 놋쇠로 만든 금속 활자로 《상정고금예문》을 찍었다는 기록이 남아 있거든. 하지만 아쉽게도 《상정고금예문》은 실물이 남아 있지는 않아.

그러나 구텐베르크의 《42줄 성서》보다 70여 년이나 앞선 1377년에 간행한 《직지심체요절》은 현재 남아 있지. 《직지심체요절》은 1972년에 세계 최고의 금속 활자 인쇄본으로 인정되었고, 2001년에는 유네스코 세계 기록 유산에 등재되기도 했단다.

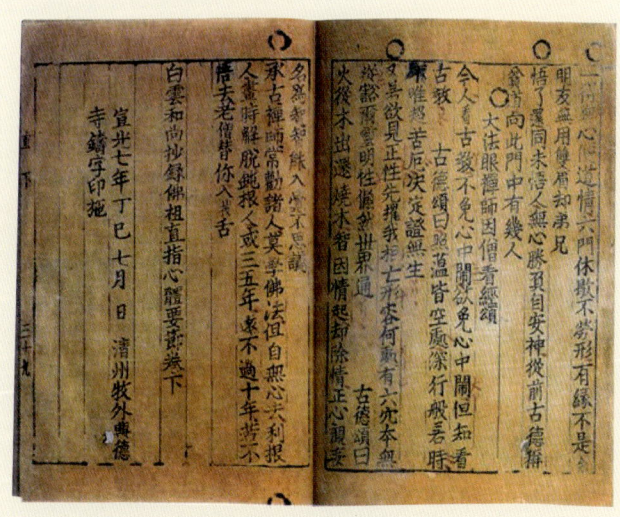

▲ 현존하는 세계 최고(最古)의 금속 활자 인쇄본 《직지심체요절》

📖 세계사가 한눈에 쏙!

01 16세기 초, 로마 교황청의 가톨릭교회들은 신도들을 꾀어 면벌부를 팔기 시작했다. 면벌부는 면죄부라고도 불렸는데, 재물을 바친 신도들에게 그 벌을 면한다는 뜻으로 발행하던 증명서였다.

02 루터는 〈95개조 반박문〉을 발표해 면벌부 판매를 비판했고, 수많은 사람들이 루터를 응원하며 따랐다. 루터의 종교 개혁은 번역된 성서와 함께 널리 퍼졌고, 루터의 생각에 공감하는 사람들, 소위 루터파는 점점 더 늘어나기 시작했다.

03 그 뒤 크리스트교는 구교와 신교로 나뉘게 되었고, 루터가 일으킨 종교 개혁의 불꽃은 유럽의 다른 나라들에도 큰 영향을 주었다. 로마 교황청과 신성 로마 제국은 아우크스부르크 화의에서 루터파를 정식으로 인정했다.

04 스위스에서 칼뱅은 예정설과 직업 소명설 등을 주장했다. 그의 주장은 프랑스, 영국, 네덜란드 등지로 전파되었다.

05 영국의 헨리 8세는 교황 클레멘스 7세에게 왕비 캐서린과의 이혼을 허락해 달라고 했다. 하지만 교황이 허락하지 않자 아무리 교황이라도 한 나라 국왕의 이혼 문제까지 간섭하는 건 옳지 않다고 생각했다. 헨리 8세는 자신이 영국 교회의 수장임을 선포했다. 이렇게 해서 영국 국교회가 탄생했다.

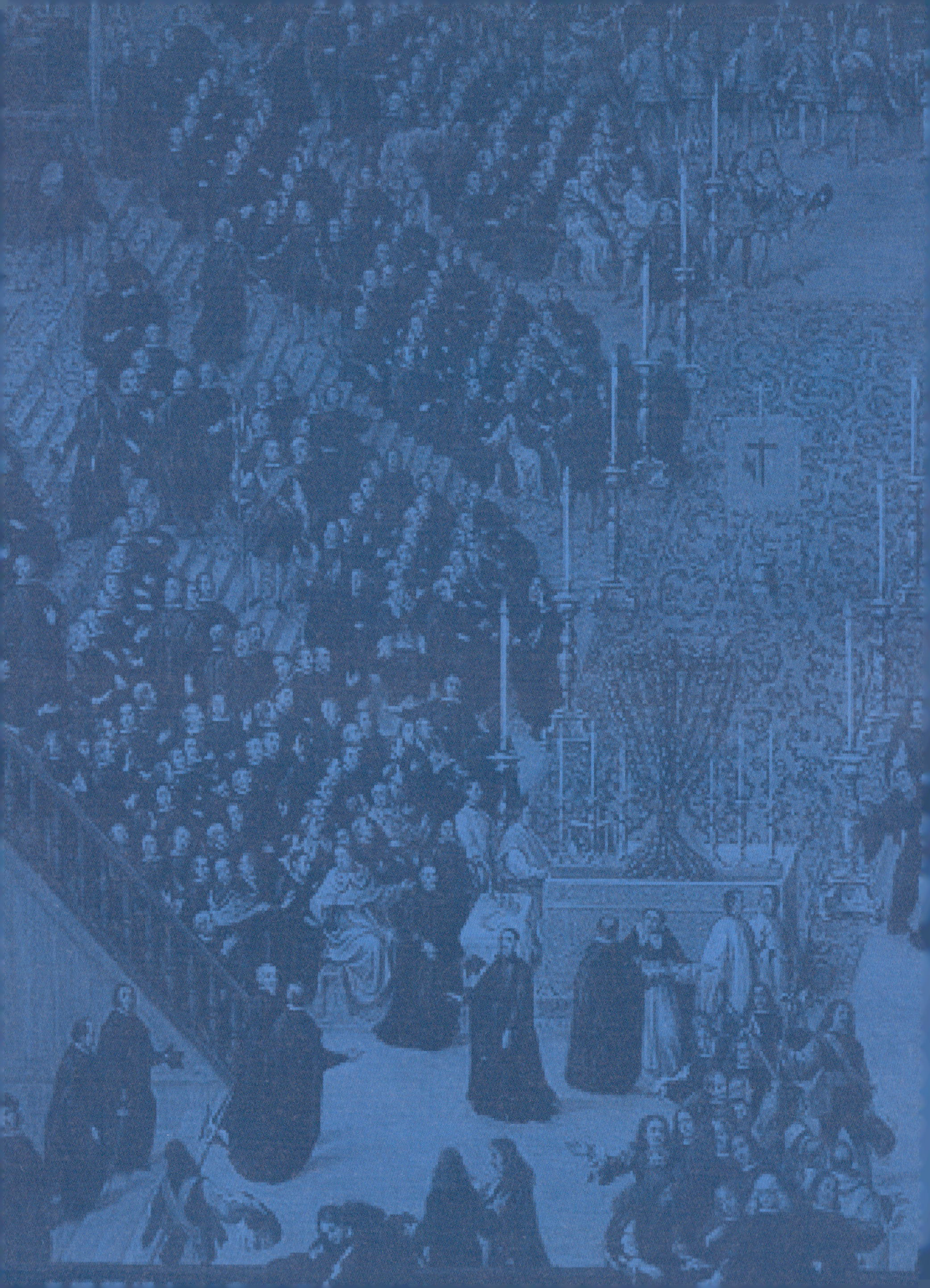

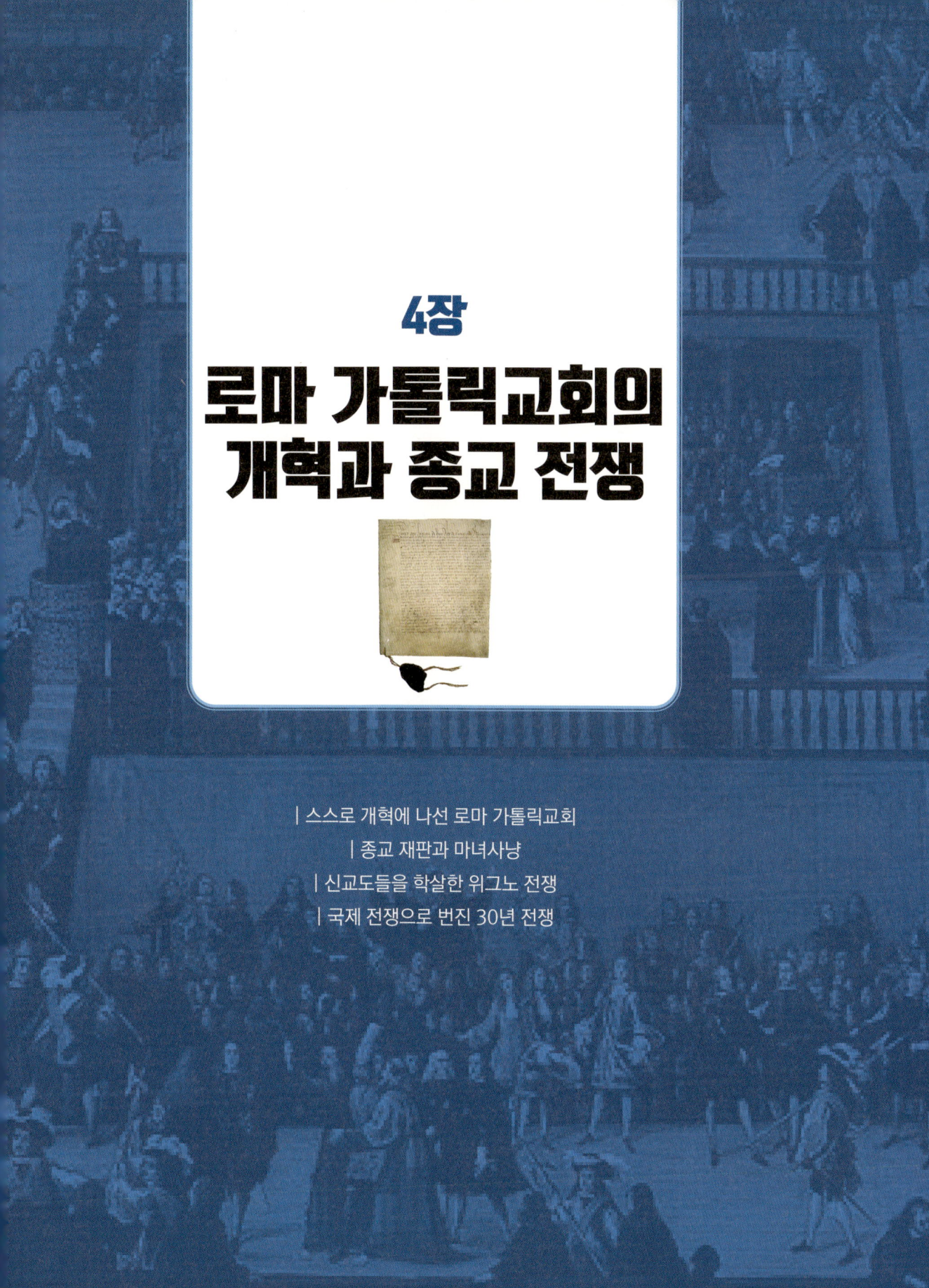

4장
로마 가톨릭교회의 개혁과 종교 전쟁

| 스스로 개혁에 나선 로마 가톨릭교회
| 종교 재판과 마녀사냥
| 신교도들을 학살한 위그노 전쟁
| 국제 전쟁으로 번진 30년 전쟁

종교 개혁의 물결이 유럽 전체로 퍼져 나가자 로마 가톨릭교회는 위기감을 느꼈어. 로마 가톨릭교회 신도는 점점 줄어드는데 신교 신도는 점점 늘어났거든. 자칫하다간 신교에 밀려 설 자리를 잃을 것 같았지. 그러자 로마 가톨릭교회 안에서도 잘못된 것을 바로잡으려는 변화의 바람이 불기 시작했어. 그중에서도 1540년에 생겨난 예수회는 로마 가톨릭교회가 힘을 회복하는 데 가장 큰 역할을 했단다. 예수회의 성직자들은 교리와 규율을 엄격하게 지키고 청빈하고 검소한 생활을 하면서 더 많은 사람들이 로마 가톨릭교회를 믿을 수 있도록 선교 활동도 적극적으로 펼쳤어. 로마 가톨릭교회는 종교 회의를 열어 신교에 맞설 교리를 정립하기도 하고, 면벌부 판매를 중단하고 성직자의 부패와 타락을 막기 위한 방법도 마련했어. 하지만 그러면서도 종교 재판을 강화해 교회를 비판하거나 반기를 드는 사람들을 가혹하게 탄압했지. '마녀사냥'이 극성을 부린 것도 바로 이때란다. 또한 로마 가톨릭교회와 신교의 갈등은 심해져 급기야 곳곳에서 종교 전쟁이 일어났어.

자, 이번 장에서는 로마 가톨릭교회 내부의 개혁과 유럽에 불어닥친 종교 전쟁, 그리고 그 결과를 알아볼 거야.

▼ 신교와 구교 사이에 일어난 30년 전쟁의 한 장면을 표현한 그림

스스로 개혁에 나선 로마 가톨릭교회

"신성 로마 제국에서는 루터파가 기승을 부리고, 스위스와 프랑스에서는 칼뱅파가 설치고, 영국에서는 국왕까지 나서서 로마 가톨릭교회에 등을 돌리니 큰일 아니오? 이러다가 우리 교회가 무너지면 어쩌오?"

"맞습니다. 교회마다 신도가 줄어들고, 교황님과 성직자들의 권위도 땅에 떨어진 지 오래입니다. 교황청과 교회가 부패하고 타락했던 것은 사실이므로 새롭게 거듭날 방법을 찾아야 합니다."

"그렇습니다. 우리 스스로 반성하고 깨끗해지려는 노력을 해야 합니다. 그러지 않으면 로마 가톨릭교회가 위태로워집니다."

종교 개혁의 물결이 유럽 전체로 퍼져 갈 무렵, 로마 가톨릭교회의 뜻있는 성직자들은 이런 고민에 빠졌어. 신교에 밀려 로마 가톨릭교회가 설 자리를 잃을지도 모른다는 위기감을 느꼈던 거야.

이에 에스파냐의 수도사였던 이그나티우스 데 로욜라는 뜻을 함께하는 수도사들과 함께 1540년에 '예수회'라는 모임을 만들었어. 로욜라는 원래 기사였어. 그런데 프랑스와 벌인 팜플로나 전투에서 중상을 입고 오랜 병상 생활을 하던 중 예수의 일대기를 다룬

▶ 이그나티우스 데 로욜라

▲ 예수회를 상징하는 문장

《그리스도전》과 도미니코 수도회 수도사가 쓴 《성인 열전》을 읽고 수도사가 되기로 했지. 그래서 에스파냐와 프랑스에서 신학을 공부한 뒤 '예수회'라는 수도회를 만들었단다. '예수의 군대'라는 뜻의 이 모임은 교황에게 절대 복종하고 교리와 규율을 엄격하게 지키며 청빈하고 검소한 생활을 하는 것을 원칙으로 했지. 또 더 많은 사람들이 로마 가톨릭교회를 믿을 수 있도록 적극적으로 선교 활동을 펼쳤단다. 이처럼 예수회가 열심히 노력한 덕분에 로마 가톨릭교회는 조금씩 힘을 회복해 갔어.

로마 가톨릭교회는 그동안의 문제를 반성하고 잘못된 점을 고치기 위해 종교 회의를 열어 방법을 찾았어. 1545년부터 1563년까지 이탈리아 트리엔트에서 교황을 비롯한 고위 성직자들이 참여한 가

▼ 파리 대학교야. 이그나티우스 데 로욜라는 이곳에서 공부하며 만난 사람들과 예수회를 만들었어.

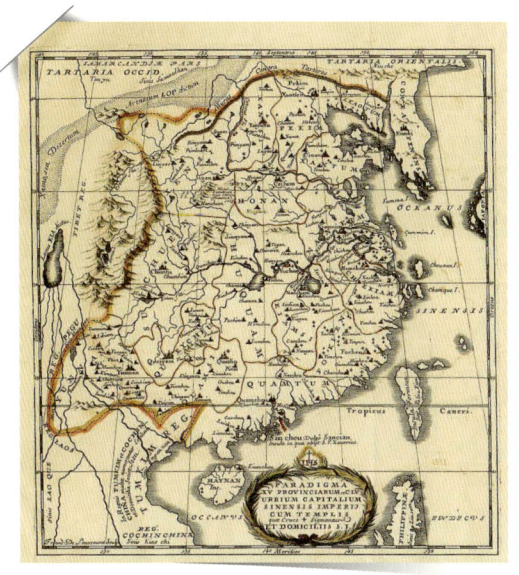
◀ 예수회의 중국 선교 지도

예수회는 중국과 중남미에서 활발한 해외 선교를 하였고, 유럽 교회 역사상 최초로 일본에서 전도도 했어.

운데 세 차례 회의를 열었는데, 이것을 '트리엔트 종교 회의' 또는 '트리엔트 공의회'라고 해.

트리엔트 공의회는 원래는 로마 가톨릭교회와 신교가 화해할 목적으로 열었는데, 신교 쪽에서 참석하지 않았어. 그러다 보니 신교의 종교 개혁에 대항하는 '반(反) 종교 개혁'의 성격을 띤 회의로 발전하게 되었지.

이 회의에서는 로마 가톨릭교회의 교리와 법령을 새롭게 세우고 중요한 결정들을 했어. 면벌부 판매를 중단하고, 성직자가 부정부

▲ 트리엔트의 산타 마리아 마조레 성당에서 열린 종교 회의 장면을 묘사한 그림

▲ 금서 목록 표지

패를 저지르는 것을 금지하며, 성직을 돈으로 사고 팔 수 없게 한 것 등이 이 회의에서 결정되었지.

이처럼 로마 가톨릭교회는 신교에서 지적한 문제점을 고치기 위해 나름대로 노력을 기울였어. 그러면서도 교황권을 더욱 강화하고 신교에 대해서는 강경한 입장을 그대로 고수했지. 로마 가톨릭교회에 반대하는 사람들을 이단으로 몰아 종교 재판을 통해 제거하고, 교리에 어긋나는 서적은 판매하거나 읽지 못하게 금서로 결정했거든.

이렇게 되자 로마 가톨릭교회와 신교의 갈등은 좁혀지기는커녕 점점 더 커져 갔어. 언제 터질지 모르는 폭탄을 안은 듯, 유럽의 종교 사회는 팽팽한 긴장감에 휩싸였단다.

트리엔트 공의회 이후 교황은 이렇게 금서 목록을 만들었어. 날조된 성서나 문란한 내용이 담긴 소설들, 루터, 칼뱅 등 종교 개혁을 이끈 사람들의 책도 포함되어 있었어.

종교 재판과 마녀사냥

원래 유럽에서는 루터의 종교 개혁이 있기 전부터 종교 재판이 행해졌어. 앞서 등장했던 두 명의 인물, 영국의 위클리프와 보헤미아의 후스도 교회의 타락을 비판하다 종교 재판을 당했고, 심지어 후스는 화형에 처해지기까지 했지. 이미 12세기에 로마 가톨릭교회의 교황이 이단을 처벌하기 위해 종교 재판을 했다는 기록도 있어. 종교 개혁이 본격적으로 시작되면서 종교 재판은 유럽 각 나라에서 이루어졌지.

특히 1542년 7월, 교황 바오로 3세가 신교를 탄압하기 위해 종교 재판소를 다시 설치하면서 종교 재판은 더욱 심해졌고, 교황청과 조금이라도 생각이 다른 사람은 이단으로 낙인찍어 화형에 처했어.

특히 로마 가톨릭교회의 힘이 강했던 에스파냐에서는 교리와 어긋나는 주장을 하거나 금서를 펴내거나 읽는 신교 사람들을 모두 이단이나 악마로 몰았지. 거기다 종교 재판을 통해 모질게 고문하고 불태워 죽이는 등 가혹하고 잔인하게 신교도들을 탄압했지. 심지어 성서를 에스파냐어로 번역하는 것도 종교 재판의 대상이었단다.

▲ 교황 바오로 3세

1478년부터 에스파냐에서 벌어진 종교 재판으로 약 30만 명이 목숨을 잃었고, 그중 3만여 명은 산 채로 화형당했다고 해. 종교 재판이 얼마나 잔인했는지 짐작이 가지? 이렇게 가혹하게 탄압한 탓에 에스파냐에서는 신교가 제대로 뿌리를 내리지 못했어.

이 무렵에는 '마녀재판'도 기승을 부렸어. 농사가 잘 안되거

▲ 프란시스코 고야의 〈종교 재판소〉

▲ 에스파냐 종교 재판을 상징하는 문장

나, 전염병이 돌거나 가축이 죽거나 가뭄 또는 홍수가 나면 마녀가 해코지하기 때문이라면서 아무 잘못 없는 여자들을 잡아다가 마녀라고 인정할 때까지 잔인하게 고문하고 죽였던 거야. 마녀재판은 '마녀사냥'이라고도 했는데, 마녀로 지목돼 희생된 사람은 나이 많은 여자, 혼자 사는 여자, 하녀 등이었어. 참 어이없지?

말도 안 되는 마녀사냥이 왜 그렇게 판을 쳤느냐고? 그건 십자군 전쟁과 흑사병, 종교 개혁 등으로 사회가 혼란해지고 로마 가톨릭교회가 위기에 빠지

▼ 1600년대 에스파냐의 종교 재판을 기록한 그림

자 '희생양'이 필요했기 때문이야. 즉, 예수와 대립하는 사악한 존재인 마녀의 이미지를 만들어 낸다면 사람들이 종교에 의지하리라고 생각한 것이지. 원래 유럽에서 마녀는 실제로 존재하지 않는 민속 신앙 속의 인물이자, 인간의 한계를 초월하는 신비한 능력이 있는 존재였는데도 말이야.

실제로 마녀사냥이 심해질수록 사람들은 마녀만 없어지면 혼란한 세상이 예전처럼 평온해질 것이라고 믿으며 교회에 더욱 의지했단다.

이러한 마녀사냥 때문에 유럽에서는 18세기까지 적게는 수십만 명, 많게는 수백만 명이 '사악한 마녀'라는 누명을 쓰고 목숨을 잃었어. 백년 전쟁에서 프랑스를 구한 영웅인 잔 다르크도 마녀재판을 받고 처형당했을 정도이니 마녀사냥의 광풍이 얼마나 심했는지 짐작이 가지?

특히 1484년에 교황이 마법을 행하는 주술사들과 마녀들에게 죄를 묻고 조사한다는 칙서를 발표함으로써 마녀의 존재를 인정한 데다, 1486년에 도미니코 수도회 성직자들이 《마녀를 심판하는 망치》라는 책을 내면서 마녀사냥은 더욱 심해졌어. 《마녀를 심판하는 망치》는 사악한 마녀가 실제로 세상에 존재하는 것처럼 사람들을 현

▲ 1669년판 《마녀를 심판하는 망치》 표지야. 이 작품은 출간 이후 여러 차례 재출간되었지.

혹시키고, 재판관들이 마녀를 쉽게 구분하고 취조할 수 있도록 하기 위해 쓴 책이었어.

약 15세기부터 시작된 마녀사냥은 18세기까지 계속되었어. 정말 야만스러운 일이 아닐 수 없었지.

신교도들을 학살한 위그노 전쟁

종교 재판과 마녀사냥 얘기를 들으니 너무 섬뜩하지? 종교가 다르다는 이유로 사람을 재판하고 죽이기까지 했으니 말이야.

그런데 여기서 한 발 더 나아가 구교와 신교 사이에 종교 전쟁까지 일어났단다. 그중 대표적이고 끔찍했던 전쟁이 프랑스의 위그노 전쟁이야.

프랑스에 종교 개혁의 물결이 전해져 신교도인 위그노가 생겨나

▲ 바시의 학살을 그린 그림이야. 위그노 전쟁은 1562년 예배를 올리던 위그노들을 기습 공격한 바시의 학살을 계기로 일어났어.

자 프랑스 국왕은 이들을 때로는 억누르기도 하고 풀어 주기도 하는 양면 정책을 썼어. 그러는 사이 위그노는 점점 더 늘어났고 보통 시민들뿐 아니라 귀족층에게까지 신교가 퍼지게 되었지. 이에 따라 프랑스 귀족들도 로마 가톨릭교도와 위그노로 나뉘어 갈등을 빚기 시작했어.

여기에 프랑스의 왕권을 둘러싼 권력 다툼이 겹치면서 프랑스 최초의 종교 전쟁이 발생한 거지. 전쟁은 여러 차례에 걸쳐 이어졌는데, 그중 비극적인 사건이 국왕의 섭정으로서 프랑스를 다스리던 모후인 카트린 드 메디시스가 로마 가톨릭교회와 손잡고 벌인 학살이야. 1572년 8월 24일 새벽, 파리를 비롯한 프랑스 전역에서 로마 가톨릭교회 군대가 예배를 보러 온 위그노 수만 명을 학살한 거야. 로마 가톨릭교회의 성인인 바르톨로메오를 기념하는 축일에 벌어졌기

> 모후는 왕의 어머니를 일컫는 말이야.

▲ 가톨릭 군대가 수만 명의 위그노들을 학살한 성 바르톨로메오 축일의 학살을 그린 그림이야. 루브르 궁전 성문 앞에서 검은 옷을 입고 살해당한 위그노들을 내려다보는 여인이 국왕의 모후였던 카트린 드 메디시스야.

▲ 성 바르톨로메오 축일의 학살이 벌어진 날, 신교도들을 학살하는 로마 가톨릭교회 군대의 모습이야.

▲ 앙리 4세

때문에 이 사건을 '성 바르톨로메오 축일의 학살'이라고 해.

그러자 분노한 위그노들도 무기를 들고 맞서 싸웠고 프랑스는 쑥대밭이 되었어. 그리고 완전히 둘로 갈라졌지.

그러다 1590년에 앙리 4세가 프랑스 국왕이 되면서 로마 가톨릭교도와 위그노 사이의 갈등이 진정되기 시작했어. 위그노의 우

▼ 낭트 칙령 원본

두머리였던 앙리 4세가 로마 가톨릭교도가 되어 로마 가톨릭교회 세력을 끌어안은 덕분이었지.

앙리 4세는 이어 1598년에는 종교의 자유를 인정한다는 '낭트 칙령'을 발표했어. 위그노들에게도 신앙의 자유를 준다는 내용이었지. 이 칙령으로 위그노 전쟁은 일단 정치적으로 해결되었어. 프랑스는 안정을 찾았고, 종교 전쟁을 벌이느라 엉망진창이 됐던 경제도 좋아지기 시작했어. 특히 당시 프랑스의 상공업자 중에는 위그노가 많았는데, 그들에게도 종교의 자유가 인정되면서 프랑스의 상공업이 발달하게 되었단다. 이는 훗날 프랑스가 유럽의 강대국으로 우뚝 서는 기반이 되었지.

하지만 종교적 대립은 그 뒤에도 계속되었어. 루이 14세가 절대주의를 강화하기 위하여 종교적 통일을 목적으로 1685년에 이 칙령을 폐지했거든. 신앙의 자유를 빼앗긴 위그노들은 프랑스를 떠나 영국, 북아일랜드, 독일, 스위스, 네덜란드, 아메리카 등지로 흩어졌어. 이렇게 흩어진 위그노들로 인해 유럽은 물론 아메리카까지 신교가 널리 퍼지게 되었단다.

영국의 종교 전쟁과 메리 1세

영국은 헨리 8세가 로마 가톨릭교회에 맞서 영국 국교회를 만들고 종교를 통일했지만, 메리 1세가 여왕이 되면서 다시 혼란의 소용돌이에 휘말리게 된단다. 헨리 8세의 뒤를 이어 왕위를 물려받은 에드워드 6세가 열일곱 살이라는 나이에 사망하자 메리 1세가 영국의 여왕이 됐어. 메리 1세는 아버지인 헨리 8세에게 버림받은 어머니를 동정해 로마 가톨릭교도가 된 뒤 로마 가톨릭교 국가이자 그 당시 유럽에서 최강국이었던 에스파냐 왕 펠리페 2세와 결혼하려 했지. 에스파냐의 힘을 빌려 아버지 헨리 8세가 세운 영국 국교회를 없애고 로마 가톨릭교로 국교를 되돌리기 위해서였어.

그러나 헨리 8세가 종교 개혁을 한 덕분에 교회 재산을 받았던 귀족들과 관리, 군인들이 외세를 끌어들여 메리 1세에게 반기를 들었어. 메리 1세는 반란을 진압한 뒤 펠리페 2세와 결혼했고 영국 국교회 성직자와 신자들을 이단으로 몰아 처형했어. 메리 1세가 '피의 메리'라고 불리는 것은 이 때문이야.

그 뒤 메리 1세의 이복 동생이자 앤 불린의 딸인 엘리자베스 1세가 왕위에 오르면서 대립과 혼란을 수습했어. 그렇다고 엘리자베스 1세가 다른 종교에 포용적인 것은 아니었어. 메리 1세가 영국 국교회를 탄압한 데 반해 엘리자베스 1세는 로마 가톨릭교를 탄압하고 영국 국교회를 강요했지. 이렇게 영국은 끊임없이 종교에 관련하여 문제가 일어났단다.

▲ 메리 1세

국제 전쟁으로 번진 30년 전쟁

유럽에서 벌어졌던 종교 전쟁 중 가장 규모가 크고 치열했던 것은 뭐니 뭐니 해도 '30년 전쟁'이야. 1618년에 신성 로마 제국에서 시작됐지만 로마 가톨릭교회를 믿는 국가와 신교를 믿는 국가들이 끼어들어 30년 동안 이어졌던 국제적인 전쟁이었지.

1555년은 아우크스부르크 화의로 로마 가톨릭교회와 신교의 갈등이 겉으로 보기에는 마무리된 듯 보이는 때였어. 하지만 서로의 가슴속 깊은 곳에는 상대방의 종교를 인정하지 않는 응어리가 남아 있었지.

그러던 중 1617년 로마 가톨릭교였던 보헤미아의 왕 페르디난트 2세가 로마 가톨릭교

▲ 페르디난트 2세

에 대한 절대 신앙을 요구하며 신교도를 탄압하기 시작했어. 보헤미아의 신교도들은 페르디난트 2세를 인정할 수 없다며 들고일어났지. 그리고 신교도인 프리드리히 5세를 보헤미아의 왕으로 세웠어. 그러자 페르디난트 2세는 로마 가톨릭교 국가인 에스파냐에 도움을 구했고, 에스파냐는 군대를 보내 보헤미아의 신교도들을 무찔렀어.

상황이 이렇게 흐르자 다시 신교 국가인 덴마크가 끼어들어 보헤미아 신교도들을 도왔어. 이런 식으로 덴마크, 네덜란드, 노르웨이,

스웨덴, 오스트리아가 참전하면서 전쟁은 점차 확대됐지. 프랑스는 로마 가톨릭교를 국교로 삼았지만 에스파냐, 오스트리아와 사이가 좋지 않았기 때문에 신교도 편으로 참전했어.

이렇게 여러 나라가 종교 문제로 뒤엉켜 30년 동안 전쟁이 계속되었어. 트리엔트 공의회에서 로마 가톨릭교와 신교의 분열을 극복하기 위해 시도했지만 성과를 거두지는 못했단다.

그러다가 1648년, 신성 로마 제국 북부 베스트팔렌에서 여러 나라가 로마 가톨릭교와 신교를 모두 인정한다는 조약을 맺으면서 30년 전쟁은 겨우 끝이 났어. 베스트팔렌 조약으로 많은 나라들이 영토를 인정받고, 신교를 믿던 네덜란드는 에스파냐의 지배에서 독립했단다. 또 신성 로마 제국에서는 로마 가톨릭교와 신교 모두에게 종교의 자유가 보장되었지. 하지만 제후국들이 각각 독립하면서 영토와 인구가 크게 줄고, 경제도 엉망진창이 돼 버렸단다.

▼ 유럽 각국이 모여 베스트팔렌 조약을 맺는 장면

네덜란드 독립 전쟁

당시 유럽 곳곳에서는 로마 가톨릭교회의 개혁을 주장하는 신교도들이 늘어나고 있었어. 네덜란드 역시 칼뱅의 가르침을 따르는 신교도들이 늘고 있었지. 그런데 네덜란드 땅을 다스리던 에스파냐는 로마 가톨릭교를 믿었어. 에스파냐 왕 펠리페 2세는 네덜란드에서 신교도들이 늘어나자 이들을 탄압하고 로마 가톨릭교로 바꿀 것을 강요했어. 결국 네덜란드는 1568년 네덜란드의 독립을 위해 에스파냐에 끝까지 투쟁할 것을 선언하며 80년간의 네덜란드 독립 운동을 시작했지. 결국 1648년에 베스트팔렌 조약을 통해 네덜란드는 공식적으로 독립을 인정받게 된단다.

▼ 네덜란드 독립 전쟁 당시 네덜란드와 에스파냐 사이에 벌어진 지브롤터 해전의 장면을 묘사한 그림

세계사가 한눈에 쏙!

01 로마 가톨릭교회 안에서 개혁에 나선 예수회는 로마 가톨릭교회가 힘을 회복하는 데 큰 역할을 했다. 이그나티우스 데 로욜라는 파리 대학교에서 공부할 때 만난 사람들과 예수회를 창립했다.

02 로마 가톨릭교회는 종교 회의를 열어 신교에 맞설 교리를 정립하고, 면벌부 판매를 중단하고 성직자의 부패와 타락을 막기 위한 방법도 마련했다.

03 로마 가톨릭교회는 종교 재판을 강화하면서 로마 가톨릭교회를 비판하거나 교황청에 반기를 드는 사람들을 가혹하게 탄압했다. 또한 마녀사냥을 벌여 아무 잘못 없는 여자들을 마녀로 지목해 잔인하게 고문하고 죽였다. 마녀사냥으로 인해 수많은 사람들이 희생되었다.

04 아우크스부르크 화의 이후에도 구교와 신교의 갈등은 점점 심해졌고, 곳곳에서 종교 전쟁이 일어났다. 구교와 신교 사이에 벌어진 종교 전쟁으로는 프랑스의 위그노 전쟁, 신성 로마 제국의 30년 전쟁, 네덜란드 독립 전쟁 등이 있다.

05 유럽의 여러 나라에서 크고 작은 전투가 번번하게 일어나면서 전쟁은 지루하게 이어졌다. 1648년 드디어 프랑스, 스웨덴, 에스파냐 등 유럽 국가들이 베스트팔렌 조약을 맺으며 30년 전쟁이 끝났다.

06 네덜란드에서는 칼뱅의 가르침을 따라 신교도들이 늘고 있었다. 그런데 에스파냐는 네덜란드를 지배하여 로마 가톨릭교로 바꿀 것을 강요했다. 이에 신교도들이 반발하여 네덜란드 독립 전쟁이 일어났다. 네덜란드는 에스파냐와의 전쟁 중에 독립을 선언했고, 이후 베스트팔렌 조약으로 완전한 독립을 이루었다.

5장
유럽의 신항로 개척

| 신항로 개척의 배경
| 신항로 개척에 앞장선 포르투갈
| 아메리카 대륙에 첫발을 디딘 콜럼버스
| 인도로 가는 바닷길을 찾아낸 바스쿠 다가마

중세 유럽에서 르네상스와 종교 개혁이 사람들의 가치관과 종교관을 바꿔 놓고 있을 때, 바다에서는 훨씬 더 어마어마한 움직임이 일어났어. 바로 유럽인들이 동방으로 가기 위해 새로운 바닷길, 즉 신항로를 개척하기 시작한 것이었어. 이탈리아 상인과 이슬람 상인들이 무역을 독점하면서 향신료와 비단 같은 동방 물품의 값이 치솟자, 유럽 사람들이 직접 동쪽으로 가는 바닷길을 찾아 떠난 것이었지.

마르코 폴로의 《동방견문록》이 널리 퍼지며 동방에 대한 환상을 갖는 사람들이 늘고, 항해술이 발달하면서 먼바다까지 배를 타고 나갈 수 있었던 것도 신항로 개척을 부추겼어. 오스만 제국을 중심으로 한 이슬람 세력이 크리스트교를 억누르고 있는 것도 중요한 원인 중 하나였지.

신항로 개척에 앞장선 나라는 포르투갈과 에스파냐였어. 두 나라는 탐험가들을 내세워 신항로 개척에 나서 그동안 유럽인들이 알지 못했던 아메리카 대륙에 도착하는가 하면, 인도로 가는 바닷길을 개척하기도 했단다.

이번 장에서는 15세기 중반, 새로운 바닷길을 찾아 나선 포르투갈과 에스파냐 두 나라와 바스쿠 다가마, 콜럼버스라는 탐험가들의 이야기를 들려줄게.

▼ 1497년 신항로 개척을 위해 떠나기 전 포르투갈 왕을 알현하는 바스쿠 다가마

신항로 개척의 배경

"후추가 없으면 고기를 먹을 수가 없는데, 후춧값이 어마어마하게 비싸고 구하기도 힘드니 큰일 아니오?"

"이탈리아 상인이나 이슬람 세력을 거치지 않고 우리가 직접 동방으로 가서 향신료를 살 수는 없을까요? 동방에는 향신료뿐만 아니라 금, 비단, 보석 같은 것도 많다고 하지 않소?"

15세기 중반, 유럽인들은 음식을 먹을 때면 곧잘 이런 얘기를 나눴어.

고기를 주식으로 하는 유럽인들은 예나 지금이나 후추, 계피 같은 향신료를 좋아해. 고기의 누린내와 비린내를 없애고 맛을 더하며 상

> 향신료는 음식에 맵거나 향기로운 맛을 더해 주는 조미료야. 신항로 개척 시기 유럽인들이 좋아했던 동방의 향신료로는 후추, 겨자, 정향, 육두구, 메이스 등이 있었어.

▼ 정향(위)과 정향나무 꽃봉오리(아래)야. 정향은 정향나무 꽃봉오리를 따서 말린 것인데 향이 강하고 매콤해.

▶ 육두구 열매(위)와 육두구 종자(오른쪽). 육두구는 살구처럼 생긴 열매 속에 있는 흑갈색 씨를 갈아서 쓰는데 고기의 비린내와 누린내를 제거해 주지.

하는 것을 막아 주기 때문이야. 또한 유럽에서는 모든 병이 악취, 즉 나쁜 냄새에서 비롯된다고 생각했는데 이 냄새를 없애는 데도 향신료를 즐겨 썼단다.

하지만 향신료는 유럽에서는 나지 않고 인도, 인도네시아 등 동쪽 지역, 즉 동방에서만 생산되었어. 그래서 유럽인들은 육로나 바닷길을 통해 동방에서 들여온 향신료를 비싼 값에 사서 썼단다. 하지만 워낙 가격이 비싸 보통 사람들은 엄두도 못 내고 귀족이나 기사, 돈 많은 상인들이나 접할 수 있었지. 인도, 인도네시아 등에서 생산되는 후추를 유럽까지 갖고 오는 동안 수많은 중개 상인들이 겹겹이 끼어들어 값을 잔뜩 올려놓았기 때문이야.

1453년 오스만 제국이 비잔티움 제국을 멸망시키고 콘스탄티노폴리스를 차지하자 더 큰 문제가 생겼어. 오스만 제국의 이슬람 상인들이 지중해 무역은 물론 동방으로 가는 육로까지 독점해 향신료값이 무섭게 치솟고 구하기도 더 힘들어진 거야. 향신료뿐만 아니라 비단과 도자기 같은 것도 마찬

◀ 메이스는 육두구의 씨를 감싼 빨간 속살을 벗겨서 말린 것이란다.

가지였어.

　육지로 가면 되지, 왜 힘들게 바닷길을 찾았냐고? 유럽에서 인도로 가려면 이슬람 국가들을 지나야 했는데 크리스트교를 믿는 나라 사람들은 그곳을 통과할 수 없었기 때문이야. 또 육로가 아니라 바닷길을 통하면 이슬람 상인들이 요구하는 세금이나 웃돈을 물지 않아도 되고, 한꺼번에 많은 양을 가져올 수 있다는 장점도 있었지.

　마침 그 무렵 이탈리아 상인이었던 마르코 폴로가 중국을 여행하고 돌아온 이야기를 담은 《동방견문록》이 유럽에 널리 알려지게 되었지. 유럽인들은 그 책을 보고 더더욱 동방에 대한 호기심을 품었어. 그 책에서는 동방에 향신료와 보석, 황금이 넘쳐나는 나라들이 있다고 소개되어 있었거든.

　더구나 옛날 사람들은 지구가 평평한 네모처럼 생겼다고 여겼는데, 언제부턴가 지구가 공처럼 둥글다고 생각하는 사람이 늘어났어. 그래서 지구가 정말 둥글다면 동쪽이나 서쪽 어느 쪽으로 항해를 하든 인도에 갈 수 있겠다고 생각하게 되었지. 바로 이런 생각이 맞물려 유럽인들이 새로운 바닷길을 찾아 나서게 된 것이란다.

> 웃돈이란 본래의 값에 덧붙이는 돈을 말해.

신항로 개척에 앞장선 포르투갈

　유럽 여러 나라 중에 신항로 개척에 앞장선 나라는 이베리아반도에 있는 포르투갈과 에스파냐였어. 두 나라 중에서도 포르투갈이 한 발 더 앞섰지.

▲ 주앙 1세

▲ 엔히크 왕자야. 그는 항해 준비에 많은 노력을 기울여 포르투갈이 세계의 바다를 주름잡고 최초의 해양 대국이 되도록 힘쓴 인물이었어.

당시 포르투갈은 주앙 1세가 통치하는 로마 가톨릭교 국가였어. 주앙 1세의 아들이며 훗날 '항해 왕자'라고 불리게 된 엔히크 왕자는 바닷길을 찾는 데 큰 관심을 두었지. 인도에 있는 향신료를 직접 사다가 교역을 하면 큰돈을 벌 수 있겠다고 생각한 거야. 육로를 오스만 제국이 막고 있으니, 바닷길을 개척하는 수밖에는 없다고 여겼던 것이지.

엔히크 왕자는 우선 이탈리아를 비롯한 여러 나라에서 항해사, 배 만드는 기술자, 천문학자, 지도 제작자, 항해 도구 제작자 등을 불러 모아 먼바다를 항해하기 위해 필요한 것들을 연구하고 개발했어. 신항로를 개척하러 나서기 전, 항해용 돛단배와 항해 지도를 만드는 등 탐험 준비에 치밀한 노력을 기울였던 거야. '카라벨'이라는 배도 이때 처음 만들어졌어. 카라벨은 크기는 작지만 거센 파도와 바람을 뚫고 바다를 빠르게 항해할 수 있는 배였지.

엔히크 왕자는 1418년쯤 탐험대를 꾸려

우선 아프리카 대륙 서해안 쪽으로 내려보냈어. 인도로 간다면서 왜 아프리카 대륙 쪽으로 갔냐고?

그건 인도로 가는 항로를 찾기에 앞서 아프리카 서쪽 해안에 있는 나라들과 황금이나 상아 교역을 하려는 욕심 때문이었어. 서아프리카에는 당시 황금과 상아가 무척 많았는데, 그것 역시 이슬람 상인이 독점하고 있어서 포르투갈이 끼어들 틈이 없었거든. 그래서 바닷길을 개척해 서아프리카로 가서 교역을 해야겠다고 생각한 거야.

포르투갈이 아프리카 해안 쪽으로 바닷길을 탐사한 데는 선교 목적도 있었어. 그 무렵 유럽에는 아프리카의 이슬람권 너머에 크리스트교 왕국이 세워졌다는 소문이 널리 퍼져 있었거든. 포르투갈은 그 나라를 찾아내 함께 크리스트교를 퍼뜨리고 이슬람교를 누르고 싶었던 거야.

하지만 포르투갈 탐험대는 실패를 거듭했어. 특히 파도가 거세고

◀ 15세기 포르투갈에서 만든 카라벨이야. 포르투갈이나 에스파냐의 장기간의 탐험 항해 등에 사용되었어.

▲ 아프리카 서부에 있는 보자도르곶이야. 오늘날의 서사하라 서부에서 대서양에 돌출한 곶이야.

　암초가 많아 '공포의 바다'로 알려진 보자도르곶에서 번번이 되돌아와야 했지.
　그러다 1434년이 되어서야 질 이아네스가 이끄는 탐험대가 보자도르곶을 지나는 데 성공했단다.
　그 뒤 엔히크 왕자는 계속해서 탐험대를 보냈어. 보자도르곶을 지나 더 아래쪽으로 가 보도록 말이야. 하지만 엔히크가 살아 있는 동안 인도로 가는 바닷길을 끝내 찾지 못했지.
　엔히크 왕자가 죽은 뒤 그의 조카였던 주앙 2세가 다행히 신항로 개척의 열정을 이어받았어. 주앙 2세는 인도로 가는 바닷길을 찾으려면 아프리카 대륙의 남쪽 끝이 어디인지를 아는 것이 먼저라고 믿었어. 아프리카 남쪽 끝을 돌아서 인도로 갈 수 있다고 생각한 거야. 그래서 1487년에 바르톨로메우 디아스에게 명령을 내려 탐험에 나서게 했지. 바르톨로메우 디아스가 이끄는 탐험대는 온갖 어려움 끝에 1488년에 드디어 아프리카 대륙 남쪽 끝에 닿았어. 그러고는 그곳을 '폭풍의 곶'이라고 이름 붙인 뒤 포르투갈의 새 영토라는 것을 알리는 기념비를 세웠단다. 포르투갈이 신항로 개척을 시작한 지 70여 년 만의 일이었어.

사실 디아스 탐험대는 전에도 그곳을 지나왔는데, 파도가 너무 높고 폭풍이 거세서 그곳이 남쪽 끝인 줄 모르고 그냥 지나쳤어. 그러다가 포르투갈로 돌아가는 길에서야 그곳이 아프리카 남쪽 끝이었다는 걸 알게 된 거야. '폭풍의 곶'이라 이름 붙였던 것은 그곳이 파도가 높고 폭풍이 거셌기 때문이란다.

주앙 2세는 디아스 탐험대가

▲ 바르톨로메우 디아스

▲ 주앙 2세

발견한 '폭풍의 곶'에 '희망봉'이라는 새 이름을 붙여 주었어. 인도로 가는 바닷길을 찾는 희망의 봉우리가 되기를 바란다는 뜻이었지.

바르톨로메우 디아스의 희망봉 발견은 이름 그대로 포르투갈이 훗날 인도로 가는 바닷길을 찾는 데 '희망'이자 중요한 이정표가 돼 주었단다.

▶ 바르톨로메우 디아스, 희망봉 발견
➡ 1488 바르톨로메우 디아스 탐험 경로

▼ 희망봉

엄청난 부를 얻을 수 있었던 신항로 개척

당시 사람들은 세상의 끝이 있다고 믿었기 때문에 미지의 세계를 간다는 것은 그야말로 커다란 모험이었어. 그렇기 때문에 개척에 필요한 비용을 최대한 줄이려고 했지. 실제로 콜럼버스를 지원한 에스파냐는 최소 비용만 지불했다고 볼 수 있지. 콜럼버스 탐험대가 이용한 산타마리아호는 당시의 기준으로 작은 배였어. 지중해에서 항해하던 베네치아의 갤리선은 200톤, 제노아의 초대형 범선은 천 톤을 넘기도 했어. 그런 것에 비해 산타마리아호는 100톤 정도였지. 하지만 산타마리아호는 크기는 작았지만 빠른 속도를 낼 수 있었고, 삼각돛이 있어서 역풍을 맞아도 앞으로 항해할 수 있었다고 해.

하지만 이 정도의 배를 가지고도 엄청난 경제적 이익을 남겼어. 실제 바스쿠 다가마는 첫 항해에서 60배의 이익을 남겼고, 마젤란의 탐험대는 배 세 척 중 한 척만 돌아왔지만 모든 비용을 지불하고도 막대한 이익을 남겼다고 해.

아메리카 대륙에 첫발을 디딘 콜럼버스

포르투갈이 희망봉에 도착한 지 5년쯤 지났을 때였어. 이탈리아 제노바 출신의 항해사인 콜럼버스가 에스파냐의 이사벨 1세를 찾아왔어. 그는 대서양을 가로질러 서쪽으로 항해해서 인도까지 빠르게 가는 바닷길을 찾아낼 테니 지원을 해 달라고 요청했지.

그때 유럽에는 지구는 평평하지 않고 둥글다고 믿는 사람들이 있었는데, 콜럼버스도 그중 한 사람이었어. 콜럼버스는 지구가 정말 둥

▲ 콜럼버스

글다면 계속 서쪽으로 항해하기만 하면 인도에 닿을 수 있을 것이라고 생각했어. 그래서 먼저 포르투갈을 찾아가 후원을 요청했는데 거절당했지.

포르투갈로서는 콜럼버스의 주장을 믿을 수 없었거든. 그때는 지구가 평평해서 계속 서쪽으로 항해하다가는 낭떠러지로 떨어질 것이라고 여기는 사람들이 더 많았기 때문이야. 게다가 이미 아프리카 희망봉을 발견해 곧 인도로 가는 바닷길을 찾을 수 있을 텐데 굳이 새로운 모험을 할 필요가 없다고 생각하기도 했지.

콜럼버스의 제안을 듣고 이사벨 1세는 처음엔 좀 망설였어. 콜럼버스의 생각이 과연 맞을지 확신이 안 섰기 때문이야. 하지만 인도로 가는 새로운 바닷길만 찾으면 에스파냐가 부자 나라가 될 수 있으리라고 생각한 이사벨 1세는 콜럼버스를 지원하기로 했어. 사실 에스파냐보다 작은 나라인 포르투갈이 바닷길 개척에 나서고, 심지어 아프리카 희망봉까지 발견했다는 얘기에 자존심이 상해 있었거든. 자칫하다간 동방 무역과 해상 무역의 주도권을 포르투갈에게 뺏길 수 있으니까 말이야.

드디어 1492년 8월 3일, 콜롬버스는 산타마리아호를 비롯한 배 세 척에 100여 명의 선원을 태우고 에스파냐 항구를 떠났어. 선원은 대부분 죄수였어. 사람들이 콜럼버스의 탐험은 위험하다고 생각해

지구 구형설은 지구의 모양이 둥글다는 학설로, 고대 그리스 시대부터 꾸준하게 제기되어 왔어.

지원하지 않았거든. 대신에 죄수들은 사형을 당하거나 감옥에 갇혀 사느니 먼바다를 항해하는 것이 낫겠다고 생각해 선원으로 지원했던 거야.

콜럼버스 탐험대는 서쪽을 향해 대서양을 계속 항해해 갔어. 하지만 가도 가도 육지는 나오지 않았지. 오랜 항해에 지친 선원들은 불만을 터뜨리기 시작했고 병에 걸려 하나둘씩 죽어 나갔어. 배를 돌려 에스파냐로 돌아가자는 선원들도 있었지.

이사벨 1세 ▶

▼ 이사벨 1세 앞에 선 콜럼버스

그러다 항해를 시작한 지 69일 만인 1492년 10월 12일, 콜럼버스 탐험대는 작은 섬에 닿았어. 지금의 바하마 제도에 있는 한 섬이었던 그곳을 콜럼버스는 인도의 서쪽이라고 생각하고 '산살바도르'라는 이름을 붙였어. '성스러운 구세주'라는 뜻이었지. 또 그곳에 사는 사람을 '인도 사람'이라는 뜻에서 '인디언'이라고 불렀단다. 그러고는 원주민들에게 손짓 발짓으로 물어보며 향신료와 황금이 있는 곳을 찾아다녔어.

그런데 그곳이 인도라면 향신료가 있어야 하는데 도저히 찾을 수가 없는 거야. 인도가 아니었으니까 당연한 일이었지. 할 수 없이 콜럼버스는 한 섬에 약 40명의 선원을 남기고 '히스파니올라'라고 이름 지은 뒤 에스파냐로 돌아왔어.

◀ 콜럼버스의 탐험 경로

콜럼버스는 죽을 때까지도 자기가 도착했던 땅이 인도라고 믿었어. 에스파냐로 돌아온 뒤에도 인도를 발견했다고 여왕에게 보고했단다.

그런데 콜럼버스가 발견한 땅이 인도가 아니라 '신대륙'이란 걸 알아챈 사람은 이탈리아인인 아메리고 베스푸치였어. 베스푸치는 콜럼버스가 밟았던 땅을 여러 번 탐험한 끝에 그곳이 인도가 아니고 신대륙임을 알아냈어. 원래부터 있던 땅이지만, 유럽인들에겐 그때까지 알려지지 않았기에 '신대륙'이라고 한 거야.

그 뒤 그곳을 아메리고 베스푸치의 이름을 따 '아메리고의 땅'이란 뜻의 '아메리카'라는 명칭으로 불렀지.

콜럼버스가 아메리카 대륙에 도착한 것은 세계 역사를 바꿀 만큼 엄청난 사건이었단다. 유럽인들은 그곳이 금과 은이 넘쳐나는 보물 같은 땅이라는 걸 알게 됐고, 에스파냐를 시작으로 유럽 여러 나라들이 금광과 은광을 찾아 아메리카 대륙을 식민지로 만들기 시작했어.

▲ 아메리고 베스푸치

콜럼버스 항해록

콜럼버스는 1492년 8월 3일에서 1493년 3월 15일까지 항해 기간 중에 쓴 항해 일지를 정리하여 페르난도 왕과 이사벨 여왕에게 바쳤어. 아메리카 대륙을 발견하기까지 200여 일 동안 기록한 이 항해 일지가 바로 〈콜럼버스 항해록〉이야. 그 원본은 에스파냐의 왕실 서고에 보관되어 있다가 어느 날 사라져 버렸고, 지금 전해지고 있는 것은 콜럼버스가 따로 마련해 두었던 필사본을 수도사 라스카사스가 요약 정리한 것이야.

8월 3일 금요일

1492년 8월 3일 금요일 8시, 살테스의 강어귀에서 모래톱을 가로질러 항해를 시작했다. 바다에서 불어오는, 풍향이 자주 바뀌는 상한 바람을 타고 해 질 녘까지 남쪽으로 48마일 항해한 뒤, 카나리 제도 쪽으로 항로를 잡고 남서쪽과 남미서쪽으로 항해했다.

8월 6일 월요일

범선 핀타호의 키가 빠져 버렸다. 나는 그 배의 소유자인 고메스 라스콘과 크리스토발 킨테로가 본디 이 항해에 나서길 싫어했기 때문에 그 두 사람의 소행이 아닐까 의심했다. 출발하기 전에도 그 두 사람이 서로 으르렁대며 입씨름을 벌이는 모습을 보았다. 그 배를 도와주기 위해서는 위험을 무릅써야만 했으므로 몹시 당황스러웠다…….

◀ 콜럼버스는 젊었을 때 직접 항해를 경험했어. 여러 저서를 읽고 연구하면서 자신의 목표를 발견하기 위해 애쓰기도 했지. 콜럼버스는 서쪽 항로로 아시아에 도달할 수 있다고 확신했어.

10월 13일 토요일
이른 아침에 섬사람들이 해변으로 많이 몰려왔다. 이미 언급했듯이 그들은 하나같이 젊고 키가 큰 데다가 아주 잘생겼다. 그들의 머리카락은 곱슬머리가 아니고 숱도 많아서 말총처럼 멋지게 늘어뜨려져 있었다. 지금까지 내가 본 어떤 인종보다 이마가 넓고 머리가 컸다. 또한 눈이 매우 크고 아름다웠다…….

항해 일지는 구체적인 항해로뿐만 아니라 항해를 하면서 겪은 어려움과 느낌도 적혀 있어. 게다가 인디오를 바라보는 시선도 적혀 있지. 인디오들은 처음에는 콜럼버스 일행을 경계했으나 이내 그 일행이 하늘에서 온 사람들이라고 생각해서 환대해. 하지만 콜럼버스의 시선은 인디오들과 달랐지. 그는 인디오를 작물 재배를 비롯해 필요한 여러 가지 일을 시킬 수 있을 것이라고 생각해. 즉, 노예로 생각한 거지.
콜럼버스 항해록은 항해 경로뿐만 아니라 그 시대의 서로 다른 시선, 콜럼버스의 인간적인 면 등 여러 가지를 알 수 있게 해 준단다.

인도로 가는 바닷길을 찾아낸 바스쿠 다가마

콜럼버스가 새로운 대륙을 발견했다는 소식을 듣고 포르투갈은 바짝 긴장했어. 아프리카 대륙 남쪽 끝인 희망봉까지는 발견했는데 그 뒤 아무런 성과가 없었거든. 그래서 포르투갈 국왕은 바스쿠 다

▲ 바스쿠 다가마

가마에게 인도로 가는 뱃길을 찾아내라고 명했어. 바스쿠 다가마는 1497년 7월 8일, 배 네 척에 선원 168명을 태워 포르투갈을 떠났지.

바스쿠 다가마는 아프리카 대륙 연안을 따라 항해했어. 다행히 바람이 약하고 날씨도 좋아 같은 해 11월 희망봉에 이르렀지. 탐험대는 희망봉을 돌아서 북쪽으로 올라가 아프리카 동부 해안을 따라 오늘날의 케냐에 속하는 말린디 항까지 갔어. 거기서 인도로 가는 뱃길을 잘 아는 이슬람 사람을 구해 인도양을 건너 다시 항해를 계속했단다.

마침내 이듬해인 1498년 5월, 바스쿠 다가마 탐험대는 인도 캘리컷에 도착했어. 지금은 '코지코드'라고 불리는 지역이지. 포르투갈에서 아프리카 남쪽 희망봉까지 가는 데는 70년이 걸렸는데, 희망봉에서 인도까지 가는 데는 10년밖에 안 걸렸단다. 바르톨로메우 디아스가 희망봉에 도착한 것이 1488년이었으니까 말이야. 그로부터 딱 10년 만에 인도로 가는 바닷길을 찾아낸 것이었지. 이미 이슬람 상인들이 아프리카 동부 해안에서 인도양을 거쳐 인도로 가는 바닷길을 알고 있었기 때문에 비교적 금방 신항로를 찾을 수 있었던 거야.

바스쿠 다가마는 캘리컷의 왕에게 포르투갈에서 가져온 예복과 모자, 악기, 설탕 같은 것을 건네며 무역을 하자고 했어. 하지만 캘리컷의 왕은 바스쿠 다가마가 가져온 물건이 캘리컷의 물자보다 조악해서 받지 않고 바스쿠 다가마의 제안도 거절했단다. 사실은 이미 이슬람 상인들과 무역을 하고 있었기 때문이었지. 바스쿠 다가마는 아쉽게도 향신료만 구한 뒤 캘리컷을 떠날 수밖에 없었어.

인도에서 포르투갈로 돌아오는 길은 아주 험했어. 맞바람이 불어 인도로 갈 때보다 훨씬 오래 항해해야 했고, 괴혈병이 나돌아 선원들도 죽어 나갔거든. 괴혈병은 비타민 C가 부족해서 생기는 병이라 채소만 먹으면 나을 수 있는데, 탐험대에는 채소를 비롯한 먹을 것이 떨어진 상태였어. 그래서 출발할 때는 168명이었는데, 1499년 포르투갈에 도착했을 때 살아남은 선원은 55명뿐이었단다. 얼마나 힘든 항해였는지 짐작할 수 있겠지?

▲ 인도 캘리컷에 도착한 바스쿠 다가마

바스쿠 다가마는 인도로 가는 바닷길을 처음으로 개척한 공로로 국왕에게서 백작이라는 귀족의 지위를 받았어. 또 포르투갈인들에게 영웅으로 대접 받았단다.

　이렇게 해서 포르투갈은 아프리카 대륙을 돌아서 인도로 가는 새로운 대서양 항로를 개척했어. 이슬람 세력이 독점했던 동방 무역의 굳건한 성을 허물어 버린 것이지. 그 뒤 포르투갈은 어떻게 됐을까? 인도의 향신료를 가져다 유럽에 팔았기 때문에 어마어마한 돈을 벌고 부자 나라가 됐지. 이 이야기는 잠시 뒤 좀 더 자세히 들려줄게.

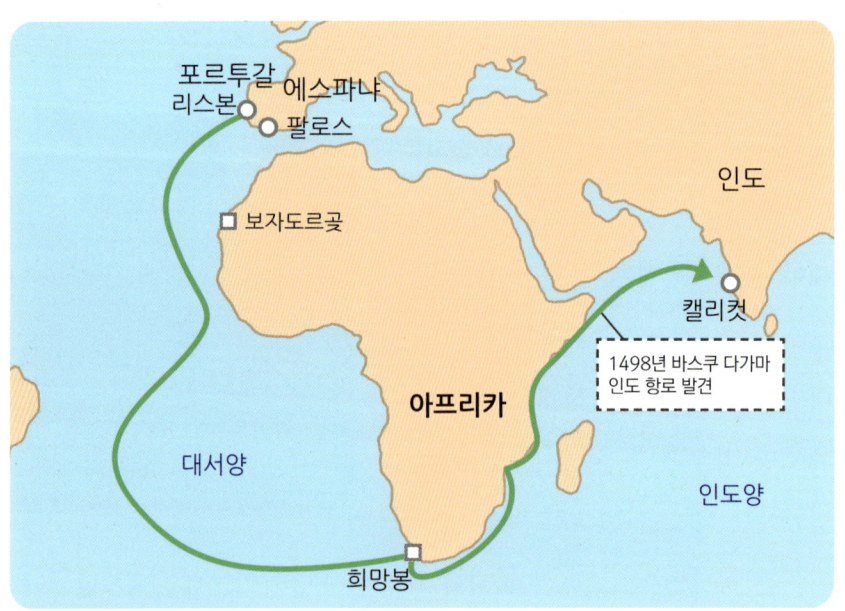

▲ 바스쿠 다가마의 항해로

포르투갈보다 먼저 세계 바다를 누빈 중국

포르투갈이 신항로 개척에 나서기 몇십 년 전부터 중국은 세계 바다를 누볐어. 명 영락제 시절, 환관이자 무관이었던 정화(1371~1434)가 세계의 중심이 명임을 널리 알리고 해상 무역을 개척하라는 황제의 명을 받고 바닷길 탐험에 나섰던 거야. 이것을 '정화의 항해'라고 해. 정화는 거대한 함선에 원정단을 꾸리고 1405년부터 1433년까지 모두 일곱 차례에 걸쳐 대항해에 나섰어. 그래서 동남아시아, 인도, 아라비아반도, 아프리카 동해안의 케냐까지 갔다 왔지. 정화는 가는 나라마다 명과 무역을 하자고 했고, 대부분의 나라들은 정화 원정단의 규모에 놀라 그 요구를 따랐어. 그래서 정화가 항해를 하고 온 뒤 명은 30여 개 나라에서 새롭게 조공을 받을 수 있었단다.
하지만 중국의 신항로 개척은 정화의 항해에서 그치고 말았어. 그 뒤 명이 무역보다는 농업을 중요하게 여기는 정책을 폈기 때문이야.

▲ 정화

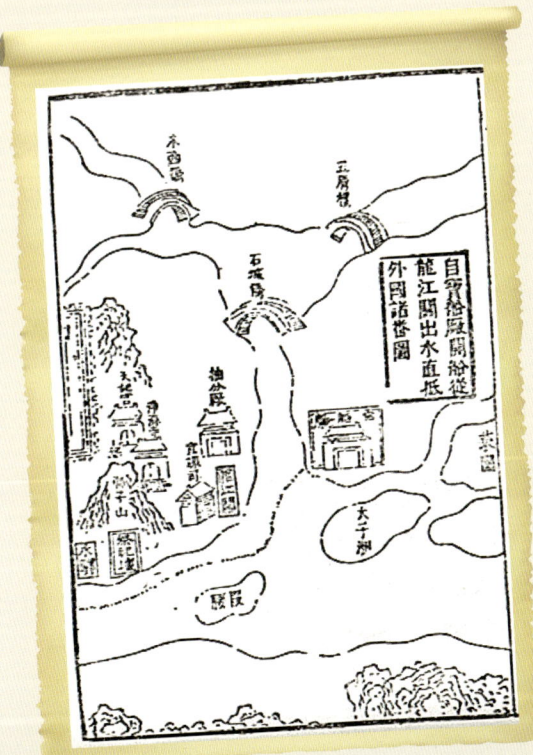
▲ 정화가 사용했던 지도

▶ 정화의 항해 뒤 명에 바쳐진 기린

세계사가 한눈에 쏙!

01 이탈리아 상인과 이슬람 상인들이 지중해 무역을 독점하면서 향신료와 비단 같은 동방 물품의 값이 치솟았다. 유럽 사람들은 직접 동방으로 가는 바닷길을 찾기 시작했고, 마르코 폴로의 《동방견문록》이 널리 퍼지며 동방에 더욱 환상을 갖게 됐다.

02 15세기 중반 유럽인들은 본격적으로 바다에 관심을 두고 신항로를 개척하기 시작했다. 항해술이 발달하면서 유럽 국가들을 점점 먼바다로 나아갈 수 있게 되었다. 신항로 개척에 앞장선 나라는 포르투갈과 에스파냐였다.

03 포르투갈의 대표적인 탐험가로는 바르톨로메우 디아스, 바스쿠 다가마가 있다. 바르톨로메우 디아스는 아프리카의 희망봉에 도착했고, 바스쿠 다가마는 인도로 가는 길을 찾아냈다.

04 에스파냐의 대표적인 탐험가로는 콜럼버스가 있다. 콜럼버스는 아메리카 대륙에 첫발을 디뎠다.

05 콜롬버스가 발견한 땅이 인도가 아니라 신대륙이라는 것을 알아챈 사람은 아메리고 베스푸치였다. 신대륙은 그의 이름을 따서 아메리고의 땅, 즉 아메리카가 되었다.

6장
대항해 시대와 달라진 세계

| 마젤란의 세계 일주 항해
| 대항해 시대와 포르투갈·에스파냐의 번영
| 신항로 개척으로 달라진 세계
| 아메리카와 아프리카 대륙의 비극

유럽인들이 신항로를 개척하면서 세계는 대항해 시대로 접어들었어. 큰 배를 타고 머나먼 바다로 나가 탐험과 무역을 하는 시대가 된 거야. 이 시기는 인류 최초로 마젤란이 이끄는 탐험대가 지구를 한 바퀴 도는, 세계 일주 항해에 성공한 시기이기도 해.

마젤란 탐험대는 1519년 에스파냐를 출발해 대서양, 남아메리카, 태평양, 필리핀, 인도양, 아프리카 희망봉을 거쳐 1522년에 다시 에스파냐로 돌아왔어. 마젤란 탐험대의 세계 일주는 지구가 둥글다는 것을 증명하는 한편, 유럽인들의 세계를 보는 눈을 키워 주었지.

그 뒤 포르투갈과 에스파냐는 크게 번영했어. 포르투갈은 인도와 아시아 등 동방 무역의 주도권을 쥐게 됐고, 에스파냐는 아메리카 대륙에서 엄청난 돈을 벌어들였거든. 이와 더불어 신항로 개척으로 대서양을 중심으로 한 무역이 시작되면서 유럽, 아프리카, 아시아, 아메리카 대륙이 서로 활발히 교류하게 되는 결과도 낳았어. 또 포르투갈과 에스파냐가 황금기를 누리는 것을 보고 네덜란드, 영국, 프랑스도 앞다투어 신항로 개척과 대서양 무역에 뛰어들었지. 이로써 유럽은 풍요를 누리며 세계의 중심에 우뚝 서게 된단다. 하지만 그 반대로 아프리카와 아메리카는 유럽 사람들에게 짓밟히며 고통을 받았어.

▼ 마젤란 항해 지도

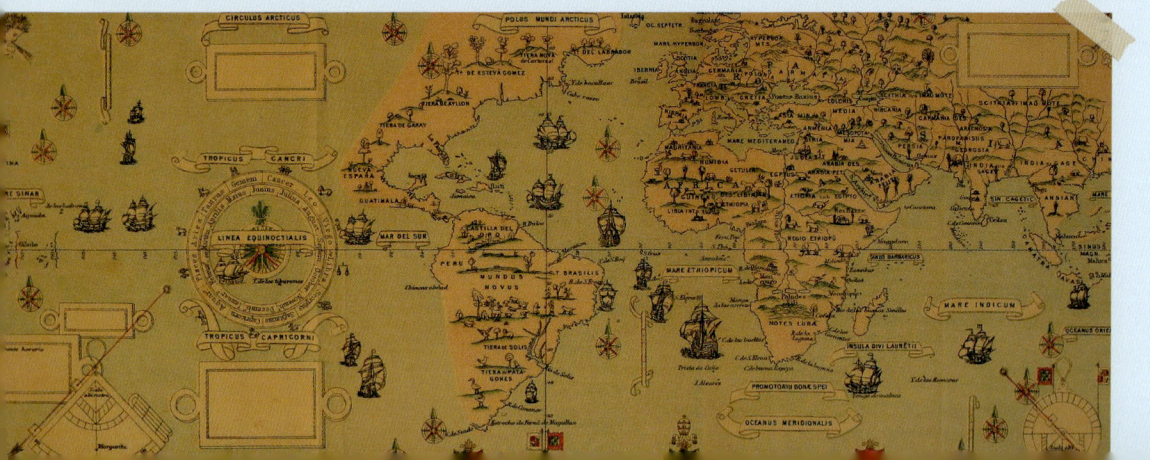

마젤란의 세계 일주 항해

포르투갈은 바르톨로메우 디아스가 희망봉을 발견하고 바스쿠 다가마가 인도 남서부에 있는 캘리컷에 도착한 뒤 유럽에서 가장 먼저 바닷길을 통한 동방 무역을 하게 됐어. 포르투갈의 대활약에 가장 마음이 급해진 나라는 에스파냐였어. 같은 이베리아반도에 있는 데다 비슷한 시기에 바닷길을 개척했는데 아직 뚜렷한 성과가 없었으니 그럴 만도 했지.

▲ 페르디난드 마젤란

특히 콜럼버스가 도착한 곳이 인도가 아니고 새로운 대륙이라는 사실이 뒤늦게 밝혀지면서 에스파냐는 다시 인도로 가는 바닷길을 찾아 나서기로 마음먹었어. 포르투갈은 벌써 아프리카 희망봉을 돌아 인도로 가서 동방 무역을 하고 있는데, 한발 뒤처졌으니 마음이 급했던 거야.

마침 바닷길 개척에 관심이 많았던 포르투갈의 항해사, 페르디난드 마젤란은 바스쿠 다가마가 아프리카 남쪽 끝을 돌아서 동쪽으로 간 결과 1년 만에 인도에 도착했다는 이야기를 들었어. 물론 그 전에 콜럼버스가 새로운 대륙을 발견했다는 이야기도 알고 있었지.

마젤란은 서쪽으로 가서 신대륙 남쪽을 돌아가면 인도에 더 빨리 갈 수 있을 것이라고 생각했어. 그래서 포르투갈 왕을 찾아가서 계획을 이야기하고 새 항로를 찾는 탐험을 할 수 있게 도와 달라고 했

▲ 카를로스 1세

지. 하지만 포르투갈 왕은 콜럼버스 때처럼 이번에도 후원을 거절했어. 마젤란은 할 수 없이 에스파냐의 카를로스 1세를 찾아갔지.

카를로스 1세는 이사벨 1세가 콜럼버스를 후원했듯 마젤란을 지원하기로 했어. 향신료가 넘쳐 나는 인도로 가는 바닷길, 그것도 더 빨리 갈 수 있는 바닷길을 찾아낸다면 포르투갈을 제치고 큰돈을 벌 수 있을 테니까 말이야.

이윽고 마젤란은 1519년 9월, 배 다섯 척에 선원 227명을 태우고 에스파냐를 떠났어. 탐험대는 대서양을 가로질러 서쪽을 향해 계속 나아갔지.

▲ 마젤란이 세계 일주 항해를 할 때 타고 갔던 빅토리아호야. 세계 일주에 성공한 최초의 배로 이름을 남겼어.

▲ 마젤란 함대의 항로

하지만 아무리 가도 인도는커녕 조그만 섬조차 보이지 않았어. 식량은 점점 떨어져 가고, 선원들도 지치기 시작했지. 가장 큰 배에 탔던 선원들은 마젤란 몰래 뱃머리를 돌려 에스파냐로 도망쳐 버리기도 했어. 마젤란은 나머지 선원들을 격려하며 항해를 계속했지.

그러던 중 거의 1년을 항해한 1520년 10월, 마젤란 탐험대는 오늘날의 남아메리카 대륙 리우데자네이루를 거쳐 드디어 아메리카 대륙 남쪽 끝에 다다랐어. 그리고 대륙의 남쪽 끝과 섬 사이를 통과하는 좁은 물길을 헤치고 나아갔지. 그 좁은 물길이 바로 오늘날 우리가 '마젤란 해협'이라고 부르는 곳이란다.

좁은 해협을 빠져나온 마젤란 탐험대는 비로소 드넓은 바다를 만났어. 여태 지나온 대서양과는 달리 잔잔하고 평화로운 바다였지.

해협은 육지 사이에 끼어 있는 좁고 긴 바다야. 양쪽이 넓은 바다로 통한단다.

127

▲ 마젤란 해협 지도

그래서 마젤란은 이 바다에 '평화로운 바다'라는 뜻에서 'Pacific Ocean', 즉 '태평양'이라는 이름을 붙였단다.

그렇지만 그 뒤에도 인도는 나오지 않고 계속 망망대해뿐이었어. 식량은 떨어지고 선원들은 죽어 나갔지. 그러다 태평양 서쪽에 있는 섬인 괌에 도착했고, 그로부터 얼마 뒤엔 태평양 한복판에 있는 필리핀의 작은 섬에 도착했어.

하지만 그곳은 마젤란이 원하던 인도가 아니었어. 마젤란은 원주민들에게 로마 가톨릭교를 믿고 에스파냐에 복종할 것을 요구했어. 대부분의 부족이 마젤란의 말을 따랐지만 막탄섬에 있는 부족은 그렇지 않았어.

결국 원주민들과의 전투 끝에 마젤란은 목숨을 잃고 말았어. 선장을 잃은 선원들은 배 두 척에 동남아시아의 향신료를 가득 싣고 인도양을 건너고 아프리카 희망봉을 돌아서 1522년 9월 6일 에스파냐로 돌아왔단다.

이렇게 인류 최초로 지구를 한 바퀴 돌고 무사히 돌아온 선원의 수는 모두 합해 겨우 18명뿐이었어. 항해 도중 얼마나 많은 사람이 죽었는지 알겠지?

 이렇게 해서 마젤란 탐험대는 지구가 둥글다는 것을 확인시켜 주었어. 비록 마젤란은 항해 도중에 목숨을 잃고 말았지만 마젤란이라는 이름만큼은 세계사에 길이 남았단다. 그의 일행이 배를 타고 세계 일주에 최초로 성공했기 때문이지.

▲ 마젤란의 죽음을 그린 그림

마젤란과 라푸라푸

필리핀 세부의 막탄섬 라푸라푸시에 가면 마젤란 기념비와 막탄섬의 부족장이었던 라푸라푸의 동상이 마주 보고 서 있는 것을 볼 수 있어.

마젤란은 인류 최초로 세계 일주 항해에 성공한 포르투갈 출신 탐험가인데 왜 필리핀의 섬에 기념비가 있냐고? 또 라푸라푸와는 어떤 관계가 있는 거냐고?

막탄섬은 마젤란이 기나긴 항해 도중 도착한 섬이야. 라푸라푸는 당시 막탄섬을 이끌던 부족장이었지.

오랜 항해 끝에 1521년 4월 필리핀 세부에 도착한 마젤란은 각 부족장들에게 가톨릭교를 믿고 에스파냐에 복종할 것을 강요했어. 대부분의 부족들은 고분고분 따랐지.

그러나 막탄섬만은 예외였어. 부족장인 라푸라푸가 가톨릭교로 개종하는 것을 거부했거든. 마젤란 탐험대와 라푸라푸의 병사들은 전투를 벌였고, 원주민 부족은 마젤란 탐험대를 무찔렀어. 마젤란도 이때 칼에 찔려 죽었지.

지금 마젤란 기념비와 라푸라푸 동상이 나란히 서 있는 곳은 바로 마젤란이 라푸라푸의 칼에 찔려 사망한 곳이란다.

필리핀 사람들은 라푸라푸를 용감하게 침략자를 막아 낸 국민 영웅으로 생각해. 라푸라푸가 마젤란과 맞서 싸운 곳을 라푸라푸 시티라고 이름 짓고, 마젤란 기념비와 마주보게끔 라푸라푸 동상을 세운 것도 그 때문이란다.

◀ 필리핀 막탄섬에 있는 라푸라푸 동상

라푸라푸가 마젤란을 죽이고 전투에서 이기기는 했어도 필리핀이 에스파냐의 식민지가 되는 것까지 막을 수는 없었어. 마젤란 탐험대의 세계 일주 항해는 '지구가 둥글다'는 사실을 증명한 역사적 사건이지만, 필리핀 민족으로서는 식민지 수탈이 시작되는 계기였단다.
현재 필리핀 세부에는 마젤란과 관련된 역사 유적이 곳곳에 남아 있어. 마젤란 십자가와 산토니뇨 성당, 산 페드로 요새 유적지 등이지.
마젤란 십자가는 세부 왕 일족이 필리핀 최초로 가톨릭 세례를 받은 것을 기념하기 위해 만든, 높이가 3미터에 이르는 나무 십자가야. 또 '어린 예수'라는 뜻의 산토니뇨 성당은 세례를 받은 세부 왕비에게 마젤란이 선물로 줬다는 어린 예수상이 모셔져 있는 곳이란다.

▲ 마젤란 탐험대와 라푸라푸 부족의 전투 장면을 그린 그림

▼ 막탄섬의 위치

대항해 시대와 포르투갈·에스파냐의 번영

포르투갈과 에스파냐 등이 새로운 바닷길을 찾아 대서양과 인도양을 탐험한 시대를 '대항해 시대'라고 해. 신항로 개척으로 대항해 시대를 연 포르투갈과 에스파냐는 순식간에 이베리아반도의 작은 나라에서 유럽의 강대국으로 떠올랐지.

우선 포르투갈은 인도 남쪽의 '고아'라는 항구를 정복하고 인도와 직접 무역할 수 있는 길을 열었어. 이어서 중국, 일본, 말레이시아 같은 아시아 나라들과도 무역을 시작했지. 처음부터 인도만을 염두에 두고 신항로를 개척한 것은 아니었거든.

그래서 16세기 전반을 기점으로 포르투갈은 동방 무역을 독점하며 엄청난 돈을 벌어들였어. 포르투갈의 수도인 리스본은 세계적인

▼ 포르투갈 리스본에 세워진 대항해 시대의 기념비야. 기념비의 맨 앞쪽에는 엔히크 왕자의 조각상이 있고, 동쪽 부분과 서쪽 부분에는 페르디난드 마젤란, 바스쿠 다가마, 바르톨로메우 디아스 등의 조각상이 있어.

항구 도시가 됐을 정도야.

그뿐 아니라 포르투갈은 아프리카에서도 엄청난 이익을 거둬들였어. 아프리카 서해안 바닷길을 개척한 덕분에 아프리카의 황금과 상아를 직접 사들여 유럽에 팔 수 있었거든.

특히 포르투갈은 유럽 나라들 중에서는 처음으로 노예 무역을 시작했어. 아프리카 사람들을 헐값에 노예로 사서 대서양 건너 아메리카 대륙에 내다 팔았던 거야. 그리고 이것이 황금이나 상아보다 더 돈이 된다는 것을 알고는 나중엔 노예 무역에 더 집중했지.

에스파냐는 콜럼버스가 아메리카 대륙에 첫발을 디딘 데 이어 마젤란 일행이 세계 일주에 성공하는 쾌거를 이루면서 대서양 무역에 앞장서게 됐어. 특히 아스테카 문명, 잉카 문명 등 아메리카 원주민들의 문명을 잇따라 정복했지. 그리고 아메리카 대륙 여기저기에서 엄청난 금광과 은광을 찾아냈어. 그 가운데서도 옛 잉카 제국이자 지금의 볼리비아 포토시에서 발견된 은광은 에스파냐에 어마어마한

> 상아는 코끼리의 엄니로 맑고 연한 노란색이며 단단해서 갈면 갈수록 윤이 나. 악기, 도장 따위의 공예품을 만드는 데 쓰인단다.

> 포토시는 볼리비아 남부에 있는 도시야. 1545년 에스파냐가 은광을 발견한 뒤 건설되었고, 이후 19세기까지 해마다 5000만 달러어치의 은을 생산해 유럽에서 가격 혁명을 일으키는 원인이 되었어. 은이 고갈되고 은 가격도 떨어지면서 차츰 쇠퇴했으나 20세기에 들면서 주석, 텅스텐이 채굴되어 다시 공업 도시로 발전했어.

▼ 볼리비아 포토시

▲ 토르데시야스 조약

부를 안겨 주었어. 당시 아메리카에서 생산된 은 가운데 절반가량이 포토시에서 나온 것이라고 하니 얼마나 은이 많았는지 알겠지?

그런데 이 당시 포르투갈과 에스파냐는 바닷길을 개척하면서 발견한 땅을 서로 차지하겠다며 다투었어. 그래서 1494년 교황이 나서서 토르데시야스 조약을 맺게 하고 문제를 해결했지. 이에 따라 포르투갈은 아시아를 중심으로 한 동방 무역을 독점하고 아메리카 대륙에서는 브라질만 차지할 수 있었어. 대신에 에스파냐는 아메리카 대륙 대부분을 그들의 땅으로 할 수 있게 됐단다.

하지만 포르투갈의 번영은 그리 오래가지 않았어. 왕위 계승을 놓고 내전이 일어난 데다, 1580년에 에스파냐와 병합한 뒤 네덜란드와 전쟁을 치르며 퇴보의 길을 걷게 된 거야. 특히 포르투갈은 무역을 통해 돈을 벌어들이는 데만 전념하고 영토를 확장하는 데는 무관심했기 때문에 에스파냐보다 빨리 쇠퇴할 수밖에 없었어.

반면에 에스파냐는 1494년 토르데시야스 조약을 맺은 뒤 아메리

> 퇴보란 정도나 수준이 이제까지의 상태보다 뒤떨어지거나 못하게 되는 것을 말해.

카 대륙을 식민지로 삼아 지배했어. 그러고는 금광과 은광을 차지해 엄청난 경제적 번영을 누리게 되지.

특히 에스파냐 국왕이었던 펠리페 2세는 포르투갈까지 차지해 에스파냐를 유럽에서 가장 막강한 나라로 이끌었단다. 이때가 바로 에스파냐가 남아메리카, 중앙아메리카, 필리핀, 아프리카 해안과 내륙, 인도 서해안 등 광대한 영토를 차지했던 황금기였어. 당시 에스파냐의 별명이 '해가 지지 않는 제국'이었다고 하니 얼마나 번영했는지 알 만하지?

▲ 펠리페 2세

한편 바닷길을 개척해 큰 번영을 누리게 된 포르투갈과 에스파냐를 보면서 유럽 다른 나라들은 화들짝 놀랐어. 16세기에 접어들면서 네덜란드, 영국, 프랑스 등의 나라들 역시 앞다투어 바닷길 개척과 대서양 무역에 뛰어들었지. 이 나라들도 아메리카, 아프리카, 아시아의 각 지역을 식민지로 삼아 대서양 무역을 하게 된 거야.

이처럼 포르투갈에서 시작된 유럽의 신항로 개척은 유럽이 세계의 강대국으로 우뚝 설 수 있게 해 주었어. 아울러 유럽의 중세 사회가 완전히 끝나고 근대 사회가 시작되는 출발점이 되었지.

토르데시야스 조약

15세기 후반, 신항로 개척으로 발견한 지역에 대해 에스파냐와 포르투갈 사이에서 소유권 다툼이 일어났어. 그래서 교황 알렉산더 6세는 1493년 카보베르데섬에서 약 100리그 떨어진 곳을 기준으로 하여 서쪽은 에스파냐령, 동쪽은 포르투갈령으로 구분했어. 하지만 1년 뒤 포르투갈의 주앙 2세가 강력하게 항의하지. 그래서 양국이 1494년 에스파냐 북서부에 있는 토르데시야스에서 조약을 맺도록 했단다. 카보베르데섬에서 약 300리그 떨어진 곳을 기준으로 포르투갈이 동쪽의 땅을 갖고 에스파냐는 서쪽의 땅을 갖기로 한 거야. 이후 포르투갈은 아시아 및 동인도 제도와 브라질로만, 에스파냐는 아메리카 대륙 쪽으로만 진출할 수 있게 됐단다.

▼ 토르데시야스 조약의 결과 이 경계선에 따라 포르투갈은 주로 아프리카와 아시아를 중심으로, 에스파냐는 아메리카를 중심으로 대서양 무역을 하게 됐어.

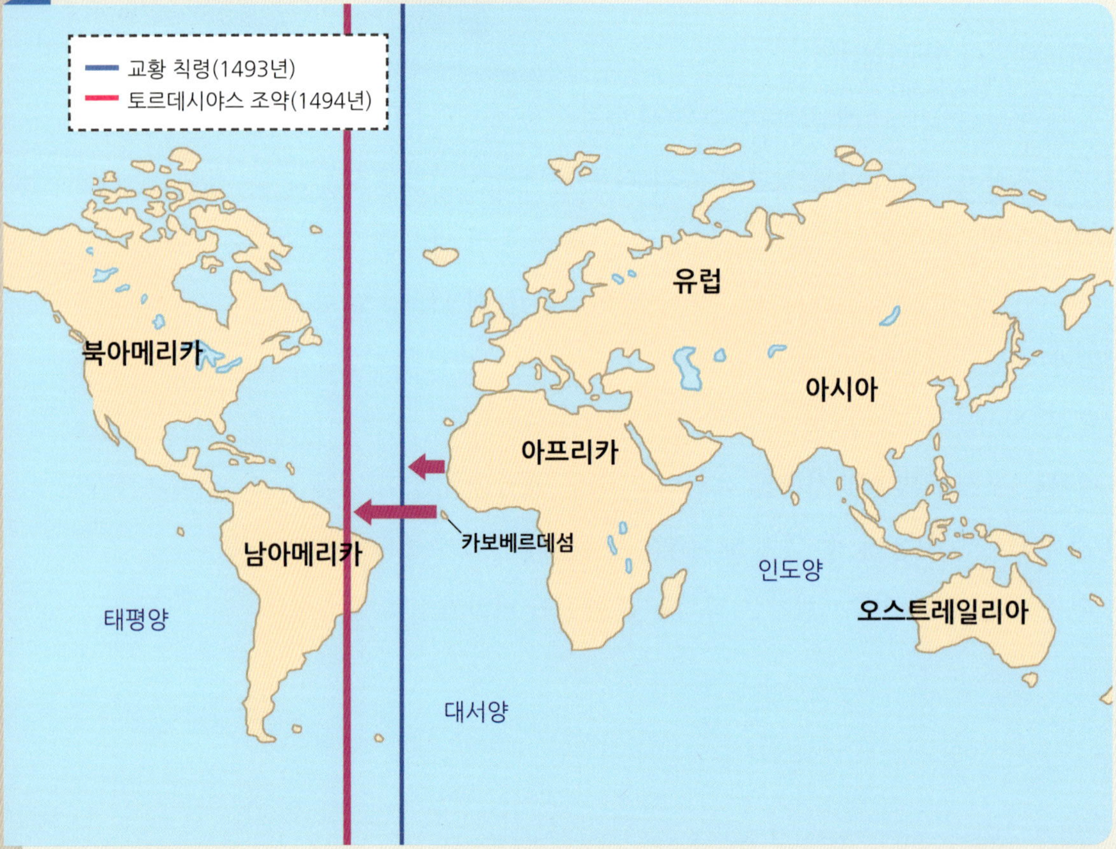

신항로 개척으로 달라진 세계

신항로 개척이 세계사에서 중요한 사건으로 평가받는 것은 이로 인해 유럽이 세계 역사의 주인공이 되었기 때문이야. 유럽을 중심으로 대서양을 사이에 두고 아프리카와 아시아, 아메리카 대륙을 잇는 대서양 무역이 펼쳐지면서 유럽인들은 아시아, 아메리카, 아프리카에서 들여온 산물로 생활과 경제가 무척 풍요로워졌어. 반면에 십자군 전쟁 이후 지중해에서 무역을 독점했던 이슬람 세력은 자연스레 쇠퇴하고, 지중해 무역을 차지했던 이탈리아 도시들도 덩달아 약해졌지.

세계 사람들의 일상생활에도 큰 변화가 일어났어. 유럽, 아시아, 아프리카, 아메리카 대륙 사이에 새로운 농작물과 가축 같은 것이 자연스럽게 오가게 되었거든. 이것을 일컬어 '콜럼버스의 교환'이라고 해. 콜럼버스가 1492년에 아메리카 서인도 제도에 도착한 것이 세 대륙 간에 농작물과 가축이 이동하는 계기가 됐기 때문이야.

이때 유럽, 아시아, 아프리카 대륙에는 아메리카에서 생산되는 감자, 옥수수, 카카오(코코아), 토마토, 호박, 땅콩, 고추, 담배, 고구마 등의 농산물이 전해졌어.

이 중에서 카카오와 담배는 사람들의 입맛과 생활을 바꿔 놓을 정도로 큰 인기를 끌었어. 토마토, 감자, 옥수수는 특별한 맛도 없고 생김새도 이상해 처음엔 별 관심을 받지 못했지만 먹을 것이 부족할 때 굶주림을 이겨 낼 수 있는 중요한 식량원으로 점차 자리 잡게 된단다. 우리나라 조선 시대에 감자, 고추, 담배 등이 들어온 것도 '콜럼버스의 교환'에 따른 결과야.

감자, 고추, 담배 등은 임진왜란 전후로 중국 또는 일본을 통해 조선에 전해졌다고 해.

한편 아메리카 대륙에는 유럽, 아시아, 아프리카 등에서 나는 사탕수수, 밀, 포도, 올리브, 망고, 커피, 쌀, 목화 같은 농작물과 말, 돼지, 염소 같은 가축이 전해졌어. 이를 계기로 아메리카 대륙 곳곳에는 사탕수수, 목화, 커피 등을 재배하는 대규모 농장이 세워졌지.

그런가 하면 아메리카 대륙에서 은광이 발견돼 엄청난 은이 쏟아져 들어왔어. 그 때문에 유럽에 은이 넘쳐 남에 따라 물가가 비싸졌어. 은을 많이 가진 사람들이 물건을 많이 사들여 물건이 부족해지자 물가가 크게 올랐던 거야. 이렇게 되면서 세계는 은으로 무역을 하는 시대가 되고, 상공업자들은 점점 부자가 되는 반면 노동으로 월급을 받던 노동자들의 생활은 더욱 어려워졌지.

또 아시아와 아메리카라는 어마어마한 시장을 가지게 된 유럽 여러 나라에서는 상공업과 금융업이 발달하는 상업 혁명이 일어나기도 했어.

유럽인들이 아메리카 대륙에 속속 진출하면서 천연두, 홍역, 장티푸스, 수두, 말라리아 같은 전염병도 전해졌지. 이런 전염병 때문에 아메리카 원주민들의 숫자가 엄청나게 줄어들었단다.

이렇게 대항해 시대가 열리면서 유럽, 아프리카, 아시아, 아메리카 대륙의 문명과 문화가 활발하게 교류하게 되었단다.

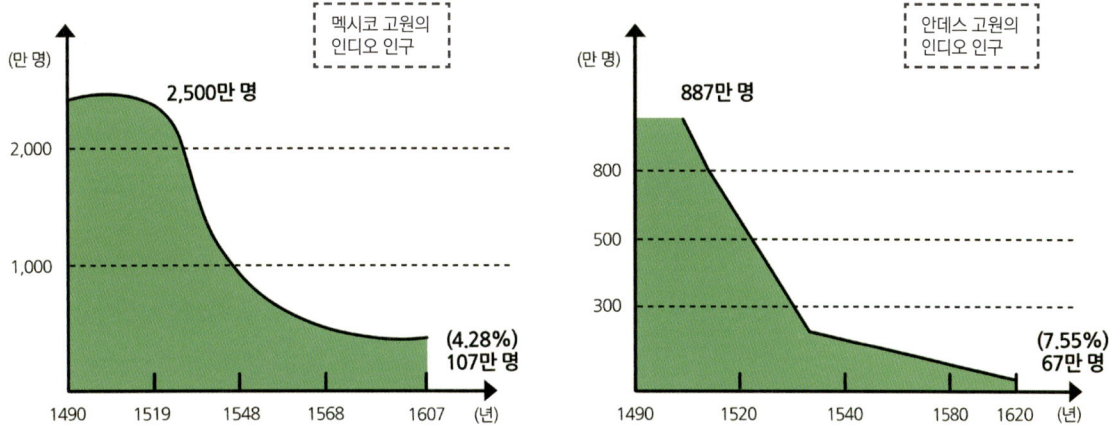

▲ 아메리카 원주민의 인구 변화

역사 속 상식 쏙

유럽 사람들에게 홀대받았던 감자와 토마토

감자와 토마토는 동서양을 가리지 않고 누구나 즐겨 먹는 음식 재료야. 하지만 16세기에 남아메리카에서 처음으로 유럽으로 전해졌을 때는 사람들이 거들떠보지도 않았다고 해. 감자는 울퉁불퉁하게 생겨 보기에도 흉하고 성서에도 나오지 않는 '악마의 식물'이라는 게 그 이유였지. 그렇지만 18세기 중반 이후 유럽에 혁명과 전쟁이 잇따르면서 굶주리는 사람이 많아지자 독일과 프랑스 등에서는 농민들에게 감자를 재배해 먹도록 했어.

감자는 척박한 지대에서도 잘 자라 식량 문제를 해결하는 데 큰 도움을 주었지. 감자를 먹으면서 비로소 유럽인들은 굶주림에서 벗어났고, 인구도 크게 늘어났다고 해도 과언이 아니야.

한편 토마토는 너무 새빨간 탓에 독이 들어 있는 열매라고 생각해 유럽인들은 먹으려 하지 않았대. 그러다가 17세기에 들어서야 먹기 시작했단다.

아메리카와 아프리카 대륙의 비극

신항로 개척으로 대항해 시대가 열린 것이 유럽에는 엄청난 축복이었지만 그 반대로 아메리카와 아프리카 사람들에게는 재앙이자 비극의 시작이었어. 유럽 사람들이 두 대륙을 잔인하게 정복하고 지배했기 때문이야.

아메리카 대륙은 콜럼버스가 첫발을 디딘 뒤부터 시련과 고통의 연속이었어. 자신들만의 문명과 역사를 갖고 평온하게 살던 원주민들이 유럽인들에게 땅을 뺏기고 노예가 되어 비참하게 살아야 했거든.

유럽인들은 금광과 은광을 차지하려고 아메리카 대륙에 살던 원주민들을 잔인하게 학살하고 수천 년 동안 이어져 온 문명을 파괴했어. 콜럼버스 덕분에 남아메리카 대륙의 대부분을 차지했던 에스파냐가 그 일에 앞장섰지.

콜럼버스 일행은 아메리카에서 금과 향신료를 찾지 못하자 원주민들에게 금을 바치게 하고 노예로 부리거나 학살하기도 했어.

이어 1520년에는 코르테스가 멕시

▲ 노예 사냥꾼에게 잡혀가는 아프리카 흑인들

코에서 아스테카 문명을 총칼로 무너뜨렸고, 1533년에는 피사로가 페루 지역에서 찬란한 문화를 이룬 잉카 문명을 무참하게 파괴했지.

남아메리카는 원주민이 아닌 에스파냐인들의 땅이 됐어. 학살에서 살아남은 원주민들은 노예가 되어 광산, 사탕수수 농장, 담배 농장 등에서 짐승만도 못한 대우를 받으며 죽도록 일만 해야 했지.

그 뒤에도 아메리카 대륙은 에스파냐와 포르투갈에 이어 유럽 여러 나라가 계속해서 진출하면서 유럽의 식민지가 되고 말았어.

유럽인들은 서아프리카에서 흑인 노예들을 헐값에 사서 노예선에 싣고, 대서양 건너 아메리카 대륙으로 데리고 갔어. 그러고는 그곳의 광산이나 농장에서 팔아넘겨 가혹한 노동에 시달리게 했지. 이때의 무역을 '대서양 노예 무역'이라고 한단다. 노예 무역은 아프리카·유럽·아메리카를 삼각형 모양으로 잇는 '대서양 삼각 무역'의 형태를 띠었단다. 노예 무역은 16세기부터 19세기까지 계속되었고, 이 시기 아프리카 대륙은 인구도 줄어들고 문명도 엄청나게 퇴보하고 말았어.

▲ 코르테스

▲ 피사로

📖 세계사가 한눈에 쏙!

01 신항로를 개척하면서 유럽의 나라들은 머나먼 바다로 나가 탐험과 무역을 하는 대항해 시대로 접어들게 되었다.

02 마젤란 탐험대는 에스파냐를 출발해 대서양, 남아메리카, 태평양, 필리핀, 인도양, 아프리카 희망봉을 거쳐 다시 에스파냐로 돌아왔다. 마젤란 탐험대의 세계 일주는 지구가 둥글다는 것을 증명하는 사건이었다.

03 포르투갈은 대항해 시대를 거치면서 인도와 아시아 등 동방 무역의 주도권을 쥐었다. 또한 아프리카에서도 노예 무역으로 큰돈을 벌었다.

04 에스파냐는 아메리카 대륙에서 은광을 개발하여 엄청난 돈을 벌어들였다. 펠리페 2세 때에는 세계 곳곳의 광대한 영토를 차지하고 번영을 누렸다.

05 포르투갈과 에스파냐는 1494년 토르데시야스 조약을 맺어 포르투갈은 동방 무역을 독점하고 에스파냐는 아메리카 대륙 대부분을 차지했다.

06 신항로 개척으로 유럽은 큰 부를 얻게 됐지만, 아메리카와 아프리카 대륙은 문명 파괴, 노예 무역, 식민 지배라는 비극을 겪게 되었다.

사진 저작권

| 8쪽 〈아테네 학당〉 [출처] 위키피디아 (CCO)

| 13쪽 우피치 미술관 [출처] 위키피디아 (CCO)

| 14쪽 〈동방 박사의 행렬〉 [출처] 위키피디아 (CCO)

| 15쪽 단테 조각상 [출처] 위키피디아 (CCO)

| 16쪽 〈단테의 신곡〉 [출처] 위키피디아 (CCO)

| 17쪽 베르길리우스, 베아트리체, 페트라르카 [출처] 위키피디아 (CCO)

| 18쪽 《데카메론》 삽화 [출처] 위키피디아 (CCO)

| 19쪽 〈최후의 심판〉〈예수의 죽음을 애도〉 [출처] 위키피디아 (CCO)

| 20쪽 〈비너스의 탄생〉 [출처] 위키피디아 (CCO)

| 21쪽 〈봄〉 [출처] 위키피디아 (CCO)

| 22쪽 〈최후의 만찬〉 [출처] 위키피디아 (CCO)

| 23쪽 〈교황 레오 10세와 두 명의 추기경〉〈시스티나 성모〉 [출처] 위키피디아 (CCO)

| 24쪽 〈다비드〉〈천지 창조〉 [출처] 위키피디아 (CCO)

| 25쪽 〈성 삼위일체〉 [출처] 위키피디아 (CCO)

| 26쪽 〈성 안나와 성 모자〉 [출처] 위키피디아 (CCO)

| 26쪽 산타 마리아 델 피오레 대성당 [출처] 위키피디아 (CCO)

| 28쪽 성 베드로 대성당 [출처] 위키피디아 (CCO)

| 29쪽 〈비트루비우스 인체 비례도〉 [출처] 위키피디아 (CCO)

| 30쪽 레오나르도 다빈치의 헬리콥터 스케치 [출처] 위키피디아 (CCO)

| 31쪽 〈모나리자〉 [출처] 위키피디아 (CCO)

| 36쪽 안트베르펜 [출처] 셔터스톡

| 38쪽 〈최후의 심판〉 [출처] 위키피디아 (CCO)

| 41쪽 에라스뮈스의 《우신예찬》 [출처] 위키피디아 (CCO)

| 42쪽 《유토피아》에 그려진 유토피아섬 [출처] 위키피디아 (CCO)

| 43쪽 몽테뉴의 《수상록》 [출처] 위키피디아 (CCO)

| 44쪽 돈키호테와 산초 동상 [출처] 위키피디아 (CCO)

| 45쪽 《돈키호테》 초판 표지 [출처] 위키피디아 (CCO)

| 47쪽 셰익스피어의 흉상 [출처] 위키피디아 (CCO)

| 48쪽 셰익스피어의 《소네트》 [출처] 위키피디아 (CCO)

| 49쪽 〈햄릿〉의 한 장면, 셰익스피어 생가 [출처] 위키피디아 (CCO)

| 50쪽 〈아르놀피니의 결혼〉 [출처] 위키피디아 (CCO)

| 51쪽 〈농가의 결혼식〉 [출처] 위키피디아 (CCO)

| 52쪽 〈아이들의 놀이〉 [출처] 위키피디아 (CCO)

| 53쪽 〈자화상〉 [출처] 위키피디아 (CCO)

| 58쪽 루터 [출처] 위키피디아 (CCO)

| 59쪽 면벌부 판매 [출처] 위키피디아 (CCO)

| 61쪽 레오 10세 [출처] 위키피디아 (CCO)

| 63쪽 루터의 〈95개조 반박문〉 [출처] 위키피디아 (CCO)

| 64쪽 루터가 번역한 독일 성서 [출처] 위키피디아 (CCO)

| 66쪽 위클리프 유해, 후스 [출처] 위키피디아 (CCO)

| 68쪽 《크리스트교 강요》 [출처] 위키피디아 (CCO)

| 72쪽 캔터베리 대성당 [출처] 셔터스톡

| 74쪽 《구텐베르크 성서》 [출처] 위키피디아 (CCO)

| 75쪽 《직지심체요절》 [출처] 위키피디아 (CCO)

| 80쪽 30년 전쟁 [출처] 위키피디아 (CCO)

| 81쪽 이그나티우스 데 로욜라 [출처] 위키피디아 (CCO)

| 82쪽 파리 대학교 [출처] 셔터스톡

| 83쪽 트리엔트 공의회 [출처] 위키피디아 (CCO)

| 84쪽 금서 목록 표지 [출처] 위키피디아 (CCO)

| 85쪽 〈종교 재판소〉 [출처] 위키피디아 (CCO)

| 86쪽 종교 재판 상징 문장, 종교 재판 기록화 [출처] 위키피디아 (CCO)

| 87쪽 《마녀를 심판하는 망치》 [출처] 위키피디아 (CCO)

| 88쪽 바시의 학살 [출처] 위키피디아 (CCO)

| 89쪽 위그노 전쟁 [출처] 위키피디아 (CCO)

| 90쪽 성 바르톨로메오 축일의 학살 [출처] 위키피디아 (CCO)

| 91쪽 낭트 칙령 [출처] 위키피디아 (CCO)

| 94쪽 베스트팔렌 조약 [출처] 위키피디아 (CCO)

| 95쪽 네덜란드 독립 전쟁 [출처] 위키피디아 (CCO)

| 100쪽 바스쿠 다가마 [출처] 위키피디아 (CCO)

| 101쪽 정향 [출처] 셔터스톡

| 102쪽 육두구, 메이스 [출처] 셔터스톡

| 105쪽 카라벨 [출처] 위키피디아 (CCO)

| 107쪽 바르톨로메우 디아스 [출처] 위키피디아 (CCO)

| 108쪽 희망봉 [출처] 위키피디아 (CCO)

| 111쪽 이사벨 1세, 이사벨 1세 앞에 선 콜럼버스 [출처] 위키피디아 (CCO)

| 113쪽 아메리고 베스푸치 [출처] 위키피디아 (CCO)

| 117쪽 바스쿠 다가마 [출처] 위키피디아 (CCO)

| 119쪽 정화, 지도, 기린 [출처] 위키피디아 (CCO)

| 124쪽 마젤란 항해 지도 [출처] 위키피디아 (CCO)

| 126쪽 빅토리아호 [출처] 위키피디아 (CCO)

| 128쪽 마젤란 해협 지도 [출처] 위키피디아 (CCO)

| 129쪽 마젤란의 죽음 [출처] 위키피디아 (CCO)

| 130쪽 라푸라푸 [출처] 위키피디아 (CCO)

| 132쪽 대항해 시대 기념비 [출처] 셔터스톡

| 133쪽 볼리비아 포토시 [출처] 셔터스톡

| 134쪽 토르데시야스 조약 [출처] 위키피디아 (CCO)

| 140쪽 아프리카 흑인들 [출처] 위키피디아 (CCO)

열다 지식을 열면, 지혜가 열립니다. 나만의 책을, 열다.

한눈에 쏙 세계사
4 격변하는 세계(서양편)

초판 1쇄 발행 2019년 12월 05일
초판 9쇄 발행 2025년 03월 17일

글 신현수　**그림** 이은열　**감수** 박소연 손은혜
발행처 주식회사 스푼북　**발행인** 박상희　**총괄** 김남원
편집 길유진 박선정 이민주 이지은
디자인 권수아 정진희　**마케팅** 박병건 박미소
출판신고 2016년 11월 15일 제2017-000267호
주소 (03993) 서울시 마포구 월드컵북로6길 88-7 ky21빌딩 2층
전화 02-6357-0050(편집) 02-6357-0051(마케팅)
팩스 02-6357-0052　**전자우편** book@spoonbook.co.kr

ⓒ 신현수, 이은열 2019
ISBN 979-11-90267-28-1 (73900)
ISBN 979-11-90267-89-2 (세트)

* 저작권법에 의하여 한국 내에서 보호를 받는 저작물이므로 무단 전재와 무단 복제를 금합니다.
* 잘못 만들어진 책은 구입하신 곳에서 바꾸어 드립니다.

열다 는 스푼북의 어린이책 브랜드입니다.

제품명 한눈에 쏙 세계사 4	
제조자명 주식회사 스푼북 ｜ **제조국명** 대한민국 ｜ **전화번호** 02-6357-0050	⚠ 주 의
주소 (03993) 서울시 마포구 월드컵북로6길 88-7 ky21빌딩 2층	아이들이 모서리에 다치지
제조년월 2025년 03월 17일 ｜ **사용연령** 12세 이상	않게 주의하세요.
※ KC마크는 이 제품이 공통안전기준에 적합하였음을 의미합니다.	